Was alte Menschen brauchen

Was alte Menschen brauchen

Mit Beiträgen von
Wolfgang Werner,
Paul Sporken,
Sigrun-Heide Filipp,
Christian Müller,
Peter Zeman

Herausgegeben von Paul Sporken

Herder Freiburg · Basel · Wien

Umschlagbild: Benedict Schmitz

Herstellung: Freiburger Graphische Betriebe 1986
ISBN 3-451-20624-2

Vorwort

Die Sorge um den alten Menschen scheint in unserer Zeit immer schwieriger zu werden. Die wachsende Zahl der alten Menschen und die zunehmende Pflegebedürftigkeit ruft Probleme vieler Art hervor. Die heutige Familienstruktur macht es nicht leicht, alte Menschen in der eigenen Familie zu betreuen. Die Renten und die steigenden Kosten der Gesundheitsfürsorge werden zur sozial-ökonomischen Belastung für die Gesellschaft. Krankenhäuser, Pflegeheime und Altenheime sehen sich vor die Aufgabe gestellt, das Gleichgewicht zwischen den sozial-ökonomischen und den typisch menschlichen Aspekten der Alterssorge herzustellen. Die Probleme, die dabei gelöst werden müssen, sind so kompliziert, daß sie von einem einzigen Fachbereich her nicht gelöst werden können. Sogar die Inangriffnahme der menschlichen Aspekte fordert interdisziplinäre Zusammenarbeit (Werner).

Diese Publikation versteht sich als ein Versuch einer solchen Zusammenarbeit zur Förderung einer wahrhaft menschlichen Betreuung alter Menschen. Jeder Autor behandelt bestimmte

Aspekte der ganzheitlichen Problematik. Dabei bildet die Sorge um das Wohlsein der alten Menschen das Leitmotiv. Theoretische und praktische Überlegungen sollen miteinander in Einklang gebracht werden, und zwar durch die Behandlung der weltanschaulichen und ethischen Gesichtspunkte (Sporken), der empirisch-wissenschaftlichen Aspekte (Filipp und Müller) und der praxisnahen Probleme aus der alltäglichen Betreuung (Zeman und Sporken).

Die Beiträge wollen Ansatzpunkte zu einer weiteren gemeinsamen Besinnung für all diejenigen bieten, die sich im Alltag von Alten- und Pflegeheimen, in Krankenhäusern oder zu Hause mit der Betreuung älterer Mitmenschen befassen.

Paul Sporken

Inhalt

I. Die Zeit des Alterns als unsere Aufgabe

von Wolfgang Werner

Die Bedeutung des Alterns

„*Weh mir, wo nehm ich, wenn*
Es Winter ist,
Die Blumen, und wo
Den Sonnenschein,
Und Schatten der Erde?"

So beginnt Hölderlin die zweite Strophe seines Gedichtes, das er „Hälfte des Lebens" genannt hat.

Die Verse gelten also der Auseinandersetzung mit dem Eintritt in die zweite Lebenshälfte. Weniger poetisch setzen sich auch heute noch viele Medien damit auseinander, wenn sie zum Beispiel über die „midlife crisis" berichten. Und vor allem setzen sich diejenigen damit auseinander, die betroffen sind: Die Menschen nach dem 40. oder 45. Lebensjahr, je nachdem, wo man die Markierungslinie anlegen und eine verständlicherweise künstliche Trennung vornehmen will.

Die Zeit des Dahinschwindens, wie man die Involution auch nennen könnte (wenn man nämlich die allgemeine Voreingenommenheit ernst nimmt, die diesem Zeitraum entgegengebracht wird), oder die Zeit des Um- und Aufbruchs (wenn man die ebenso berechtigte positive Sichtweise bevorzugt), ist in spezifischer Weise mit vielen Höhepunkten und Belastungen ausgestattet sowohl in der körperlichen als auch in der psychischen und sozialen Dimension. Daher rührt es, daß in dieser Lebensphase, die die Griechen „akme" (Höhepunkt) nannten, nicht nur besondere Leistungen, sondern auch seelische Störungen vergleichsweise überdurchschnittlich häufig auftreten. In der sich anschließenden Zeitspanne, deren letztes Ende der Tod darstellt, kommt es noch zu einer weiteren Häufung: Es addieren sich nämlich einerseits die seelischen Störungen, die ohnehin nach Erreichen des Erwachsenenalters mit einer gewissen Regelmäßigkeit auftreten, und andererseits die Leidenszustände, die durch altersspezifische körperliche Erkrankungen und soziale Einflüsse bedingt sind, zum Beispiel durch eine Arteriosklerose des Gehirns, durch das Nebeneinander von vielen schweren Krankheiten (etwa Diabetes, Herzinsuffizienz und Lungenemphysem) oder durch die Vereinsamung nach dem Tod des Ehegatten und dem Fortziehen der Kinder.

Früher haben viele Menschen diese altersspezifischen Störungen deshalb nicht erlebt, weil sie früh- und vorzeitig starben an Krankheiten, die mittlerweile zu heilen oder zu lindern sind.

Heute müssen wir alle uns im Verlauf unseres Lebens zwangsläufig stärker auseinandersetzen mit der Tatsache des Alterns und mit der Dimension der Zeit.

Altern heißt vielerlei: in dem, was es ist, und in dem, was darin gesehen wird. Altern ist Veränderung, Gewinn und Verlust. Altern wird gesehen als „goldener Herbst", aber sicher noch viel mehr als die Periode der Schwäche, des Häßlichen, des „alten Eisens".

Wenn man das Altern als Veränderung versteht, unabhängig davon, ob nun etwas hinzukommt oder ob etwas zugrunde geht, dann geschieht das Altern schon von der ersten Sekunde unseres Lebens an, praktisch dann, wenn zwei einzelne Zellen ihr Einzelleben aufgeben, um in einem einmaligen und unverwechselbaren Individuum aufzugehen, das durch ständige Teilung und Veränderung, durch ständig neues Ablegen des vorherigen Zustandes, seine überindividuelle und seine persönliche Form gewinnt.

Wenn die Maulbeertraube des ersten Tages, die Morula, nicht als solche verginge, könnte nie der Mensch aufrecht durch die Welt gehen. Wenn die Hirntätigkeit sich nicht umstellen würde, könnte nie die Herrschaft des Altgedächtnisses die Zeit der kostbaren Erinnerungen und die Zeit der „späten Kindheit" vor dem Wiederverschwinden des Individuums kennzeichnen.

So ist Altern kontinuierliche und zielgerichtete Veränderung, von einer Plattform zur nächsten – höheren oder tieferen – oder „von Klippe zu Klippe geworfen", wie Hölderlin sagt.

So im Zeitablauf betrachtet, hat Altern also wenig mit Schwäche, Krankheit und Unerfreulichem zu tun. Altern ist dann nur noch eine Rundwanderung. Wer sich viel bewegt, erlebt auch viel. Altern bedeutet zwangsläufig: Erfahrungen sammeln, das heißt auch lernen, das heißt auch, auf das besser vorbereitet zu sein, was als nächstes auf einen zukommt.

Gewinn und Verlust

So bringt das Altern ohne Zweifel manchen *Gewinn.* Aber davon reden die wenigsten; die meisten reden von Leistungsversagen, Ausgliederung und Defizit.

Diese Zuordnung gilt und wirkt als bestimmende Größe so lange, wie wir sie als richtig und verbindlich unterstellen. Ähnlich wie bei der Betreuung sogenannter chronisch psychisch Kranker und geistig Behinderter verliert diese Zuordnung aber sogleich an Gewicht und Bestätigung, wenn wir sie mit einem willentlichen Kraftakt einfach für ungültig erklären. Wir müssen, um dies zu erreichen, zielbewußt gegen das negative Fremdbild und das negative Selbstbild des Alterns angehen.

Altern bedeutet natürlich auch *Verlieren:* Die Kräfte schwinden dahin, die selbstverständliche

Funktionsfähigkeit von Geist und Körper, zum Beispiel von Gedächtnis und Herz-Kreislauf-Funktion, wird immer häufiger in Frage gestellt. Viele liebe Mitmenschen ziehen – oft unwiederbringlich – an einen anderen Ort. Eines Tages muß man seine berufliche Aufgabe aus der Hand geben, ob man nun im Glied gestanden oder den Ton angegeben hat. Im Körper selbst zeigen immer mehr Organe die Narben des Lebens. Alles läuft darauf hinaus, daß dieser individuelle Organismus seine Tätigkeit einstellen wird.

Wenn bei dieser Rundwanderung der Veränderungen Bilanz gezogen wird – unter Berücksichtigung der Gewinne und der Verluste –, dann ist das eine sehr subjektive Angelegenheit, die immer davon abhängt, was und wie man sehen und bewerten gelernt hat.

Zeit

Altern bedeutet auch ein intensiviertes Verhältnis zur *Zeit:* Zeit zu leben und Zeit zu sterben, Zeit des gelebten und Zeit des ungelebten Lebens. Wenn die Hirnfunktion deutlich beeinträchtigt ist, bei Menschen z. B., die eine schwere Gefäßerkrankung aufweisen, dann schaltet sich oft eine Selbststeuerung ein, die die Frage nach dem vergebenen, verpaßten und verlorenen Leben auslöscht und fast nur noch die Erinnerung an das gelebte und inhaltsvolle Leben zuläßt.

In frühen Stadien der Kindheit und Jugend stellt sich die Frage nach der Zeit fast nicht, da sie geradezu unerschöpflich zu sein scheint. Im letzten Stadium des Lebens kennen wir vor allem die Antwort: Wichtig war, was ich erlebt habe. Die Zeit für das erinnernde Erleben ist wiederum unermeßlich geworden. Dazwischen liegt die Periode des Bewußtwerdens, des kritischen Prüfens und Bilanzierens für die vorhandene und für die vertane Zeit. Es stellt sich schließlich die Frage, für was es noch sinnvoll sein könnte, Zeit aufzubringen, und zum andern die Frage, ob die Zeit dafür auch reichen wird.

So wie das beim jeweils einzelnen Betroffenen der Fall ist, so stellt sich das Problem auch bei den professionellen Betreuern: Ob es schon zu spät ist für eine Psychotherapie oder auch zu spät für die lebensrettenden Maßnahmen, die mit Maschinen und Apparaten ablaufen. Aber wie die Antworten auch ausfallen, es bleibt dann immer noch die Frage, was man mit der tatsächlich gegebenen Zeit macht, sei es nun im seelsorgerischen Gespräch oder in der Betreuung des Bewußtlosen, der noch oder nicht mehr am Beatmungsgerät hängt.

Wenn man im Altern eine Veränderung, eine Lokomotion auf dem Weg zum Ziel sieht, dann stellen sich zwangsläufig auch immer wieder diese Fragen nach der Zeit.

Interdisziplinäre Aufgabe

Je mehr die Medizin in ihren Erfolgen fortschreitet, umsomehr hat sie sich mit den einzelnen psychischen und körperlichen Problemen des alternden Menschen auseinanderzusetzen.

Drei verschiedene Disziplinen, Psychiatrie, Psychologie und Ethik, geben in diesem Buch ihren Beitrag – die Lehre von der ärztlichen Hilfe bei seelischen Störungen, die Lehre von der Entstehung und Beeinflussung seelischer Abläufe und die Lehre von der Menschenwürde und von den daraus folgenden Konsequenzen für den Umgang mit unseren Mitmenschen. Daneben steht ein Beitrag aus der Perspektive sozialwissenschaftlicher Erfahrung.

Könnten nun diese verschiedenen Disziplinen für sich allein der Aufgabe gerecht werden, dem alternden Menschen beizustehen? Die Antwort auf diese Frage lautet entschieden: „Nein." Fangen wir, um das zu verdeutlichen, mit der *Psychiatrie* an:

Eine alte Frau kommt wegen einer schweren Depression ins Krankenhaus. Sie jammert den ganzen Tag, versorgt sich nicht mehr und hat nur noch den Wunsch, ihrem Leben ein Ende zu bereiten. Der Psychiater wird zwar mit der Besserung des körperlichen Zustandes, mit seinen antidepressiven Medikamenten und auch mit der Gesprächstherapie eine wesentliche Hilfe bieten können, aber er wird – schon in der Auswahl der Medikamente und der Dosierung – nur dann zurechtkommen, wenn er z. B. den organischen Teil des psychischen Befundes mit psychologischen Methoden genau einzustufen weiß. Er wird nach dem Überwinden der akuten Krise die gerontopsychologischen Leitlinien der Förderung kennen müssen, um ein erneutes Absinken bei seiner Patientin zu verhindern. Er wird immer wieder darauf achten müssen, daß er selbst und seine Mitarbeiter nicht aus Zeitnot oder aus Routine die Würde der Patientin und die eigene Würde verletzen, indem sie z. B. die „Oma" versorgen, die eigentlich „Frau Müller" heißt und als solche auch angeredet werden möchte.

Betrachtet man das Problem aus der Sicht der nächsten Disziplin, so wird der *Psychologe* innerhalb unseres Gesundheitswesens eher selten mit älteren Menschen zusammenkommen, die zuerst ihn als Betreuer und Behandelnden aufsuchen. Die psychologischen Beratungsstellen befassen sich vorwiegend mit Kindern. Die Seniorentreffs aber haben oft noch nicht jene fachkundige psychologische Unterstützung, die sie effektiver machen könnte. Aber in den Fällen, in denen der Psychologe doch als erste und vielleicht einzige Anlaufstelle zum Einsatz kommt, können ihm in der Gerontologie die psychiatrischen Befunderhebungen und Zuordnungen nur helfen. Denn selbstverständlich gelingt ein Lern- und Kommunikationstraining dann besser, wenn die Störung der Hirnfunktion in ihrer Ursache erkannt, behandelt und behoben ist. Und die Frage danach, in welchem Umfang man trainieren, therapieren und schließlich auch manipulieren darf, das ist wohl eine eindeutig ethische Frage.

Den *Ethiker* kennen wir in unseren Krankenhäusern eigentlich nur aus der Ethikkommission, die immer dann einberufen wird, wenn kritische Entscheidungen über Leben und Tod zu treffen sind, wenn die Mediziner also die Verantwortung nicht mehr alleine tragen können und wollen. Der Ethiker als Spezialist und der Ethiker in uns selbst ist aber ebenso bei allem, was wir täglich tun und unterlassen, gefragt: daß wir z. B. dem alten Menschen auf gleiche Weise begegnen, wenn er nun im Feiertagsgewand am Weihnachtsbaum sitzt, oder wenn er in seinem eigenen Kot liegt und noch nicht einmal mehr um Hilfe flehen kann.

Ethische Entscheidungen sind aber auch von der Kenntnis der Befunde abhängig: Ausmaß und Dauer der Reanimationsversuche bei der depressiven alten Frau, die nun versucht hat, sich mit Tabletten das Leben zu nehmen und seit Tagen im Koma liegt, werden sicher auch davon abhängen, wie z. B. die elektro-enzephalographischen oder sonstigen Befunde aussehen.

Zu einem für ethische Fragen speziell zuständigen Fachmann werden die Menschen meistens außerhalb der Medizin kommen, wenn sie etwa beim Pfarrer ihr Herz ausschütten. Nicht selten berichten diese Menschen dann, schwere Sünden und Verfehlungen begangen zu haben, wobei es sich in Wirklichkeit um harmlose Ereignisse handelt, die sie in der depressiven Selbstwerterniedrigung extrem negativ erleben, oder gar um die Symptome eines Wahns. Hier ist, um wirksam zu helfen, wieder die psychiatrisch-psychologische Kompetenz notwendig.

Diese Beispiele sind willkürlich gewählt und lückenhaft. Sicherlich sind auch andere Disziplinen gefordert, wie z.B. die Soziologie und die Prinzipien der *Sozialarbeit.* In einer Periode der Vereinsamung oder gar des Ausgegliedertwerdens (z.B. durch die Berentung) können die Einflüsse einer gemeinschaftsfördernden Führung und Hilfe nicht hoch genug veranschlagt werden.

Auch die *religiöse Orientierung* scheint von größter Bedeutung, gewährt sie doch eine Konstanz durch alle zeitlichen Lebensabschnitte hindurch (analog zur Situation der Fremdarbeiter, die im Ausland ihre Liturgie heimatlich fortführen können) und verleiht sie doch gerade der Epoche, in der die bisher erstrebenswerten Güter nach und nach dahinschwinden, weiterhin ihren Sinn – nicht als eine Notlösung für die schlechten Tage, sondern als konsequente Erfüllung des von Kindheit an Geglaubten und Ersehnten.

Formen der Zusammenarbeit

Die *Integration* der verschiedenartigen Erkenntnisse und Disziplinen für den einzelnen alternden Menschen läßt sicher noch zu wünschen übrig. Es fragt sich auch, was der richtige Weg ist: Ein Überweisungskarussell wie in der medizinischen Versorgung für die jüngeren Jahrgänge (vom Arzt zum Pfarrer, von dort zum Psychologen und dann weiter zum Sozialarbeiter) oder jeweils eine Institution, in der die verschiedenen Einflüsse zusammenlaufen?

Die zweite Möglichkeit wird wohl allgemein als die sinnvollere angesehen werden, hat aber natürlich auch ihre – unvermeidlichen – Nachteile: Daß z. B. eine Selektion getroffen wird unter den Personen und Methoden und daß der alte Mensch eben die Betreuung erfährt, die er vorfindet und nicht immer diejenige, die er braucht. Trotzdem scheint wohl das integrative Modell das bessere zu sein. Es setzt allerdings voraus, daß die jeweils Verantwortlichen sich dazu zwingen, über die eigenen Grenzen hinauszuschauen und sich die wesentlichen Erkenntnisse der Nachbardisziplinen ebenfalls anzueignen oder aber ein kritisches Bewußtsein für das eigene Unwissen zu erarbeiten, so daß sie im Bedarfsfalle beim „Nachbarn" nachfragen werden.

Das heißt zum Beispiel für das Krankenhaus, daß nicht nur der Pfarrer regelmäßig kommt, sondern daß auch die ärztlich/pflegerisch verantwortete Tagesstrukturierung und die Gesprächsführung den Sinnbedürfnissen und den Werten des alternden Menschen gerecht werden, daß nicht nur die Angehörigen häufig zum Besuch zugelassen werden, sondern daß eine Gemeinschaft der Behandelten und Behandelnden gefördert wird. Das bedeutet zum Beispiel für die ambulante Betreuung durch soziale Dienste, daß es mehr gibt als Gruppenaktivitäten und daß der jeweils einzelne umso besser mitmachen kann, je mehr er körperlich fit ist, weil er die notwendigen Medikamente zum richtigen Zeitpunkt genommen hat. So kann verantwortliche Hilfe bei der regelmäßigen Medikamenteinnahme und Diätgestaltung manchmal mehr helfen als alle Dia-Vorträge, Kegelabende und mnemotechnischen Trainingsmaßnahmen zusammen – und das sowohl für das eigene Erleben als auch für die von außen feststellbare Gemeinschafts- und Leistungsfähigkeit.

Die wichtigsten Faktoren, die dem Alternden Gesundheit, Zufriedenheit und Stabilität verleihen, finden sich in einem Gedicht Hölderlins wieder, das er „Trost" genannt hat. Er spricht in diesem Gedicht von den religiösen Bindungen, von den Erinnerungen, die eine positive Kontinuität garantieren (und die in der Psycho-pathologie leider oft nur als Symptome eines hirnorganischen Abbaus aufgeführt werden) und schließlich von der sozialen Geborgenheit:

„Getrost! Es ist der Tränen wert, dies Leben
So lang uns Pilgern Gottes Sonne scheint,
Und Bilder beßrer Zeit um unsre Seele schweben,
Und ach! mit uns ein freundlich Auge weint."

II. Ethische Fragen bei der Betreuung alter Menschen

von Paul Sporken

Situation

In der Struktur des Bevölkerungsaufbaus haben in den letzten Jahrzehnten einschneidende Veränderungen stattgefunden. Im Vergleich zu der mittleren und der jüngeren Generation gibt es immer mehr alte Menschen, und zwar wegen der Einschränkung des Bevölkerungswachstums. Außerdem werden immer mehr Menschen alt. Dabei spielen mehrere Faktoren eine Rolle. Die Verbesserung des Wohlstandes und der Hygiene, nicht zuletzt die Fortschritte der Medizin sind beispielhaft dafür. Das ist an und für sich ein erfreuliches Ergebnis, aber es bringt auch viele Schwierigkeiten und Probleme mit sich. In den folgenden Überlegungen werde ich einige davon etwas näher betrachten, und zwar aus der Sicht der Ethik. Nach einer kurzen Beschreibung dessen, was Ethik ist, will ich einige Probleme ansprechen, die sich der Sorge um den gesunden, kranken und psychisch kranken alten Menschen ergeben.

Ethik und Hilfeleistung

Der Mensch steht in allen Lebenssituationen in einer gewissen Beziehung zu Menschen und Dingen. In diesen Situationen stellen sich laufend Fragen, die eine Antwort in Form irgendeiner Reaktion verlangen. Diese Antwort wird der Mensch vor sich selbst, vor seinem Mitmenschen und – falls er gläubig ist – vor seinem Gott verantworten müssen.

Diese Verantwortung betrifft gerade den menschlichen Charakter seines Handelns. Eine Handlung, die mit wirklicher Menschlichkeit übereinkommt, ist ethisch betrachtet gut oder verantwortbar. Wenn sie der Menschlichkeit widerspricht, ist sie ethisch schlecht oder unverantwortlich. Das zu verwirklichende Menschliche oder das Humanum ist die Synthese von vielen menschlichen Werten, deren Realisierung in der konkreten Lebenssituation gefährdet ist.

Den Hintergrund dieser Überlegungen bildet folgende Überzeugung: der Mensch ist ein Wesen, das die fundamentale ethische Aufgabe hat zu werden, was es ist, nämlich ein Mensch im vollen normativen Sinn. Was dieses Menschenbild als ethische Aufgabe bedeutet, kann inhaltlich nur in grober Skizze – etwa durch Formulierung von menschlichen Grundwerten – erhellt werden. Der ganz konkrete Inhalt dieses wahrhaften Menschseins wird nur im Leben selbst entdeckt werden können. Dabei spielt der Mitmensch eine sehr wichtige Rolle: nur in der Begegnung und Beziehung mit ihm entdeckt der Mensch, wer er ist bzw. sein soll. Darum könnte man die ethische Aufgabe des Menschen so umschreiben: Der Mensch ist das Wesen, dem die grundlegende Aufgabe gestellt ist, in Solidarität mit seinem Mitmenschen wirklich Mensch zu werden.

Ethik ist die systematische Besinnung auf verantwortliches Handeln, d. h. auf das menschliche Handeln im Hinblick auf seinen spezifisch humanen Charakter. Den Ausgangspunkt ethischer Überlegungen bildet die Beschreibung der Problemsituation und der darin gegebenen menschlichen Werte. Angelpunkt dafür ist die Erhellung des Menschenbildes, das sich hinter Werten und Normen verbirgt. An dieser Stelle kann die Weltanschauung die Ethik beeinflussen und lenken (Sporken 1981).

Es ist von größter Wichtigkeit, daß der Mensch sich seiner Grundhaltung gegenüber dem Leben und den verschiedenen Lebensbereichen, aber besonders auch seiner Voreingenommenheiten bewußt wird. Wenn das nicht der Fall ist, werden diese unvermeidbar die ethische Fragestellung und damit auch zugleich die Antwort in eine bestimmte Richtung lenken.

Dazu noch eine letzte Bemerkung. Es gibt Problemsituationen, die sehr kompliziert sind, weil menschliche Werte verschiedenster Art im Spiel sind, und die deshalb eine eindeutige und unbestreitbare Standortbestimmung erschweren. Wenn das der Fall ist, ist es unsere Aufgabe, die verschiedenen Werte mit größter Sorgfalt abzuwägen und für die Verwirklichung der gewichtigsten Werte einzutreten. In diesem Sinn kann auch die Entscheidung für das geringere Übel ethisch vertretbar sein (siehe ausführlicher: Sporken 1984).

Hilfeleistung ist eine ethische Angelegenheit, weil sie menschliches Handeln und außerdem auf das Wohl des Mitmenschen ausgerichtet ist. Eine Berufsethik beabsichtigt immer, durch ethische Normen oder wenigstens durch bestimmte Verhaltensregeln dieses Wohl des Hilfsbedürftigen sicherzustellen.

Für diejenigen, die in der Alterssorge tätig sind, gilt als ethische Grundnorm: Das Wohl oder die wahrhaften Belange des alten Menschen.

Die Grundhaltung aller in der Kranken- und Altenpflege tätigen Personen soll darum gekennzeichnet sein durch die Bereitschaft, den alten Menschen ernst zu nehmen, seine Menschenwürde zu respektieren und eine Hilfe zu leisten, die nicht nur den körperlichen Bedürfnissen, sondern den Bedürfnissen des ganzheitlich gesehenen Menschen entspricht. Altenhilfe und -pflege wird erst zu einer wahrhaft menschlichen Pflege in der Bereitschaft, sich dem alten Menschen zuzuwenden, mit ihm solidarisch zu sein in seinen Gefühlen der Hilflosigkeit, Angst und Vereinsamung, ihm in seinem Leiden beizustehen und ihm zu einem weiteren relativ gesunden Leben oder zu einem menschenwürdigen Sterben zu verhelfen. Alterssorge wird also die Wesenszüge einer Lebenshilfe tragen müssen. Lebenshilfe leisten bedeutet grundsätzlich, daß wir dem hilfesuchenden Mitmenschen so nahe bleiben und ihm in einer solchen Weise behilflich sind, daß er nach seinen vorhandenen Möglichkeiten in seinem Leben und Sterben weitgehend er selbst sein kann. Aus ethischer Sicht bedeutet dies: Wir müssen versuchen, die verschiedenen Werte (u.a. die körperliche Gesundheit, typisch menschliche Werte, finanzielle Werte) möglichst weitgehend zu verwirklichen.

Für die Alterssorge heißt das ferner, daß sie auf die Hilfsbedürftigkeit des individuellen alten Menschen ausgerichtet sein soll. Wenn die Hilfe über die Hilfsbedürftigkeit hinausginge, würde sie ihr eigentliches Ziel verfehlen. Man könnte das vielleicht folgendermaßen formulieren: Die Alterssorge soll sozusagen „stufenweise" aufgebaut werden. Sie soll die Selbständigkeit und die soziale Integration der alten Menschen möglichst weitgehend erhalten. Eine Hilfe, die die Grenzen des Notwendigen frühzeitig überschreitet, würde eine größere Hilfsbedürftigkeit provozieren, statt sie zu bewältigen. Diese Standortbestimmung bringt übrigens gegebenenfalls auch mit sich, daß die Hilfe für eine bestimmte Zeit stufenweise abgebaut werden muß.

Zusammenfassend kann man sagen: Die Hilfsbedürftigkeit des alten Menschen bildet die Norm und die Grenze der Hilfe. Es handelt sich aber nicht um „die Hilfsbedürftigkeit der alten Leute" allgemein, sondern letzten Endes um diesen individuellen alten Menschen, der in manchen Dingen Hilfe braucht. Die Art und der Umfang der Hilfsbedürftigkeit sind nur richtig erkennbar vor dem Hintergrund des ganz konkreten alten Menschen. Das bedeutet, daß eine wahrhafte Hilfe nur im Rahmen einer echten mitmenschlichen Beziehung verwirklicht werden kann (siehe Sporken 1984 a).

Befassen wir uns nun im folgenden mit einigen (sozial-)ethischen Problemen aus dem Bereich der Alterssorge im allgemeinen und mit einigen (medizinisch-)ethischen Problemen aus dem Bereich der Geriatrie und Psychogeriatrie.

Die Sorge um den alten Menschen

Beim Wiederaufbau Europas nach dem zweiten Weltkrieg haben einschneidende Entwicklungen auf den verschiedensten Lebensbereichen stattgefunden: Auf den Gebieten von Wirtschaft, Politik und Kultur ebenso wie auf dem Feld der sozialen Sicherheit. Begriffe wie Freiheit, Gleichheit und Sicherheit bildeten sehr hoch geschätzte Leitwerte. Die Staaten Nord-West-Europas wurden zu Sozialstaaten. Die Hochkonjunktur der Wirtschaft ermöglichte weitgehende Vollbeschäftigung und zunehmende Versorgung der Bürger – Hauptziele des Versorgungsstaates. Gleichzeitig vollzog sich eine Säkularisierung der Versorgung: die Sorge um die alten, kranken und alle anderen hilfsbedürftigen Menschen wurde immer weniger als Werk der christlichen Barmherzigkeit und Nächstenliebe betrachtet. Die Überzeugung wuchs, daß diese Sorge Aufgabe des Staates gegenüber einem alten Menschen ein soziales Grundrecht eines jeden Bürgers sei. Aus einem Gefühl der Humanität haben manche Verantwortliche den Ausbau der Einrichtungen im sozialen und medizinischen Bereich gefördert: im Bereich der Sorge um Behinderten ebenso wie um chronisch kranke und alte Menschen und in vielen verwandten Bereichen. Manchmal geschah dies ohne zweckmäßige und grundsätzliche Planung. Das hat keine Probleme hervorgerufen, solange der Staat über die nötigen finanziellen Mittel verfügte und die Volksvertreter im Parlament diesen Initiativen gegenüber wohlwollend waren (De Kok 1985).

Seit der Ölkrise 1973 ist aber immer deutlicher geworden, daß der Sozialstaat gefährdet ist, weil er unbezahlbar geworden ist. Ein planmäßiger Rückzug des Staates aus den verschiedenen Bereichen ist deshalb unvermeidbar. Dabei kommen aber verschiedene Schwierigkeiten zum Vorschein. Wie kann man einen Rückzug planen, wenn kein planmäßiger Aufbau stattgefunden hat? An welchen Stellen muß die Kostendämpfung am meisten durchgeführt werden? Auf welche Art und Weise können die Probleme, die danach entstehen, gelöst werden? Betrachen wir nun in ethischer Perspektive die Probleme aus der Praxis etwas näher.

Abwägung von Werten

Die heutige sozial-ökonomische Situation erfordert die Unterstützung des Staates, damit die alten Menschen ein akzeptables Leben führen können und – wenn nötig – auch einen Anspruch auf besondere Hilfe erheben können (z. B. medizinische und/oder pflegerische Betreuung). Die finanziellen Mittel, die der Staat für die Verwirklichung vieler sozialen Belange braucht, sind aber beschränkt. Man muß also die verschiedenen Belange und Werte mit Sorgfalt gegeneinander abwägen. Wenn die Entscheidungsprozesse der staatlichen Behörde durch solche Güterabwägung zustande kommen, wird es möglich, die Maßnahmen zu treffen, durch die die gewichtigsten Werte realisiert werden können.

Bei einer genauen Betrachtung dieser Maßnahmen kann man sich des Eindrucks nicht erwehren, daß (jedenfalls in den Niederlanden) fast ausschließlich die Rede ist von sozial-ökonomischen Belangen und Werten. In den Hintergrund gerät dabei, wie die typisch menschlichen Belange zu gewährleisten sind. Damit verschieben die Behörden ihre Mitverantwortlichkeit für die menschlichen Aspekte der Alterssorge von der Makro-Ebene zur Meso-Ebene, d. h. zu den führenden Instanzen und Personen der einzelnen Heime, zu den Hausärzten und Gemeindeschwestern bzw. zu den Sozialstationen.

Die Leiter von Altenheimen geraten dadurch immer mehr in ein Spannungsfeld zwischen den verschiedenen Werten. Sie müssen einerseits dafür sorgen, daß sie mit den eingeschränkten finanziellen Mitteln auskommen, andererseits aber auch dafür, daß den alten Menschen eine wahrhaft menschliche Betreuung dargeboten wird. Die Kostendämpfungspolitik drückt oft (wenn nicht sogar in den meisten Fällen) am schwersten auf den Personalbestand. Außerdem werden an das Pflegepersonal immer höhere Anforderungen gestellt, weil immer mehr hochbetagte und hilfsbedürftige alte Menschen in die Heime aufgenommen werden. Und wenn die Mitarbeiter überfordert werden, ziehen sie sich auf die materiellen Aspekte ihrer Arbeit zurück; dadurch bleibt zu wenig Zeit und Energie für die menschlichen Aspekte der Sorge (Zuwendung, Gespräch, einen gelegentlichen kleinen Spaziergang usw.) übrig.

Damit ist das ethische Dilemma wiederum nur zur Micro-Ebene hin verschoben, d. h. von der Leitungsinstanz hin zu den Altenpfleger(innen) in ihrer alltäglichen Arbeit. In der Praxis der Sorge um den alten Menschen werden sie dauernd gezwungen, zwischen den verschiedenen

Werten zu wählen, obwohl sie im vorhinein wissen, daß die Entscheidung für die menschlichen Aspekte und selbst ein Kompromiß sehr oft nicht möglich ist. Manche Mitarbeiter geraten dadurch in Konflikt im Hinblick auf ihre Verantwortlichkeit für das Wohl der alten Menschen und fühlen sich darum oft unglücklich in ihrer Arbeit. Mitarbeiter eines Altenheimes erzählten mir dazu folgendes: Nachdem sie der Heimleiterin ihre Probleme vorgelegt hatten, wurde vom Vorstand des Heimes ein Psychologe zur Hilfe gebeten. In sechs Sitzungen von zwei Stunden sollten die Mitarbeiter von ihm lernen, wie man mit Arbeitsfrustrationen umgehen muß...! Unterstellen wir, daß dies gelingt (was ich persönlich nicht glaube), dann wäre den alten Menschen damit nicht geholfen! Ich bin der Überzeugung, daß es ungerecht ist, die ethischen Aspekte einer wahrhaft menschlichen Alterssorge von der Makro-Ebene über die Meso-Ebene auf die Mikro-Ebene zu verschieben und den Mitarbeitern die letzte Verantwortlichkeit für das Dilemma der Werten aufzubürden. Die Behörden und die führenden Instanzen der Heime sind primär verantwortlich dafür, daß ihre Entscheidungen nach einer gerechten Abwägung menschlicher und anderer Belange zustande kommen.

Forschung und Einsamkeit

Von Forschern auf dem Gebiet der Alterssorge (u.a. Filipp) wird ein bestimmtes Problem erkannt, das ich nicht verschweigen will. Während der Interviews mit alten Menschen entstehen manchmal ziemlich enge Kontakte, besonders wenn die alten Menschen sich vom Forscher oder seinem Hilfspersonal gut verstanden fühlen. Nach Abschluß werden sie dann alleine zurückgelassen, und sie fühlen sich dann oft einsamer als zuvor. Ist das ethisch vertretbar?

Solche Untersuchungen scheinen mir ethisch vertretbar zu sein, weil sie letzten Endes zum Wohl der alten Menschen durchgeführt werden. Der Forscher ist aber selbstverständlich auch verantwortlich dafür, solche Risiken wie die genannten möglichst weitgehend vorzubeugen. Dies kann u. a. durch deutliche Information über den Zweck des Kontaktes und durch rechtzeitigen Abbau der entstandenen Beziehung geschehen.

Das Ganze deutet aber auf ein tiefer liegendes Problem. Daß alte Menschen sich manchmal geradezu an einen Forscher festklammern, ist doch wohl ein deutliches Zeichen dafür, daß viele alte Menschen sehr einsam sind und deshalb jede Hand, die ihnen ausgestreckt wird, dankbar entgegen nehmen (sie u.a. Munnichs 1980, Lehr 1984). Die Tatsache muß also verstanden werden als ein Appell an die soziale Umgebung, an die

Kinder und Enkelkinder – und gegebenenfalls an die Mitarbeiter eines Heimes, – die alten Menschen nicht im Stich zu lassen, damit sie sich nicht in ihre Einsamkeit verschließen und darin verkümmern.

Der Sinn von Trainingsversuchen

Eine weitere ethische Frage stellt sich im Zusammenhang mit „Trainingsversuchen" bei alten Menschen. Es geht dabei oft um den Nachweis, daß der Abbau intellektueller Fähigkeiten im hohen Alter nicht naturgesetzlich ist, sondern oft auf einen Mangel an Training beruht. Alte Menschen werden dann in bestimmte Programme eingebunden, und es lassen sich nachweislich dadurch ihre intellektuellen Fähigkeiten und Leistungen wieder steigern. Für die betroffenen alten Menschen selbst ist „der Sinn" solcher Interventionen manchmal nicht gegeben. Eine ethische Frage ist, ob man sie „mit sanftem Zwang" oder „unter einem gewissen Druck" dazu bringen darf.

Es ist klar, daß man alten Menschen ein bestimmtes Hilfsangebot anbieten und durch Information die nötige Motivation fördern darf. Aber wenn der Betagte letzten Endes den Sinn solcher Trainings nicht einsieht, nicht mitmachen will und einfach in Ruhe gelassen werden will, dann muß man dies respektieren. Persönlich möchte ich im Hinblick auf einen „sanften" Zwang für

Zurückhaltung plädieren: Was einem Helfer liebenswürdiger, sanfter Zwang scheint, könnte für den Betagten ein starker moralischer Druck sein.

Übrigens hängen die Fragen nach dem Sinn von bestimmten Trainings- und Aktivierungsprogrammen engstens zusammen mit den Fragen nach dem Sinn des Lebens im hohen Alter. Bekanntlich wird für manche alten Menschen, wenigstens während bestimmter Perioden, der Sinn ihres Lebens in Frage gestellt. Man kann nicht verneinen, daß Trainings- und Aktivierungsprogramme in bestimmten Fällen sogar eine Hilfe zur erneuten Sinnfindung sein können. Das ist m. E. aber nur dann möglich, wenn man gleichzeitig die eigentlichen, fundamentalen Fragen nach dem Sinn des Lebens ansprechen kann. Aber in diesem Bereich sind keine Programme vorhanden. Wer helfen will, muß den Mut aufbringen den alten Menschen ein Stück Wegs zu begleiten in seinen Versuchen, eine echte, d. h. seine persönliche Antwort zu finden. Das kann der Helfer nur vollbringen, wenn er bereit ist, sich selbst im Hinblick auf den Sinn seines Lebens in Frage zu stellen (siehe ausführlicher bei Sporken 1984). Seelsorger können in diesem Bereich den alten Menschen oft einen wichtigen Dienst erweisen, weil der Glaube für viele der heutigen älteren Generationen eine große Bedeutung hat.

Die Sorge um den kranken alten Menschen

Der Prozeß des Alterns ist nicht identisch mit einem Krankheitsprozeß, er deutet eher auf einen Änderungsprozeß. Altern bedeutet nach Duden: Älter werden und die Merkmale des Alters zeigen. Geschichtlich betrachtet treten als wichtigste Merkmale die Lebensweisheit und die Fähigkeit Rat zu geben, in den Vordergrund. Während der Körper schwächer geworden, hat das persönliche Innere sich vertieft, sodaß der ältere Mensch für die jüngere Generation eine Stütze sein kann. Auch heute begegnen wir manchmal alten Menschen, die gerade aus diesem Grund hoch geschätzt werden.

Man kann aber nicht übersehen, daß das Altern – eben weil es ein Veränderungsprozeß ist – auch andere Merkmale zeigt. Die körperlichen Kräfte nehmen ab, die Altersschwäche wird spürbar, Bewegung und Arbeit gestalten sich schwieriger. Dazu kommt manchmal eine seelische Schwächung: die Konzentrationsmöglichkeiten lassen nach, Vergeßlichkeit meldet sich, Verstandesschwäche kann zur Altersdemenz führen. Schließlich bringt der Verlust sozialer Kontakte notwendig Vereinsamung mit sich.

Krank und alt sein

Wenn ein alter Mensch erkrankt, dann bekommt diese Krankheit doch eine gewisse Nuancierung, weil die Situation des alten Menschen dabei eine Rolle spielt. Verschiedene Aspekte des Altersprozesses und des Krankheitsprozesses wirken hier zusammen. Bekannt ist etwa, daß bestimmte Medikamente aufgrund altersbedingter Veränderungen im Organismus bei älteren und jüngeren Patienten unterschiedlich wirken. Bei Psychopharmaka z. B. kann durch ein Drittel oder die Hälfte der üblichen Dosierung ein ausreichender Wirkspiegel erreicht werden. Außerdem trifft bei alten Menschen manchmal eine Vielzahl von Erkrankungen zusammen, die Diagnose und Therapie beeinträchtigt. Und schließlich müssen wir der Tatsache Rechnung tragen, daß Kranksein ein vollmenschliches Geschehen ist. Die gleiche körperliche Krankheit kann für einen alten, neunzigjährigen Menschen eine ganz andere menschliche Bedeutung haben als etwa für einen vierzigjährigen.

Von seiten der medizinischen Ethik gilt für alte, kranke Menschen dieselbe Handlungsnorm wie für alle anderen kranken Menschen: Das Heil des Kranken ist das oberste Gesetz. Bei der „Übersetzung" dieser Grundnorm in konkrete ethische Normen muß man aber der Gesamtsituation, in der alte Menschen sich befinden, Rechnung tragen. Es ist eine gute Sache, daß sich in der Medizin in den letzten Jahren die Spezialdisziplin der Geriatrie entwickelt hat, die sich mit den Gesundheitsproblemen älterer Menschen befaßt. Sie wird oft als Teil der inneren Medizin definiert, der sich (unterstützt von Neurologie und Psychiatrie) besonders mit den Beschwerden des Alterns und mit den Gesundheitsproblemen der Älteren befaßt. Die Definition ist vertretbar, aber sie könnte zu Unrecht den Eindruck erwecken, daß die Sorge um den kranken alten Menschen ausschließlich medizinische Angelegenheit sei. Dem ist nämlich nicht so. Zwar kommt den Ärzten dabei eine wichtige Aufgabe zu. Die Arbeit von Pflegepersonen, Sozialarbeitern, Physiotherapeuten, Psychologen, Seelsorgern usw. ist aber ebenso wichtig, weil, wie mehrfach betont, Altern und Kranksein ein vollmenschliches Geschehen bedeutet (vgl. Thomae und Maddox 1982).

Entscheidungsrecht

Die Notwendigkeit in vielen Fällen verschiedene Hilfskräfte zur Betreuung einzusetzen, verstärkt ein bereits vorhandenes Risiko. Wer die alltägliche Praxis kennt, kann sich des Eindrucks nicht erwehren, daß manchmal allzu schnell unterstellt wird, der alte Mensch könne selbst nicht mehr entscheiden. Ich möchte betonen, daß das Entscheidungsrecht im Hinblick auf Gesundheitsprobleme grundsätzlich dem alten Menschen selbst zusteht. Ein Beispiel zur Verdeutlichung: Es kommt öfter vor, daß ein alter Mensch wiederholt darum bittet, bei einer schweren Erkrankung nicht mehr ins Krankenhaus gebracht zu werden. Wenn die erwachsenen Kinder oder die Hilfskräfte anderer Meinung sind, dürfen sie das selbstverständlich zur Sprache bringen und versuchen, den alten Menschen zu einer anderen Meinung zu bringen. Bei unüberwindbarer Meinungsverschiedenheit soll aber die Entscheidung des alten Menschen den Ausschlag geben.

Das gleiche gilt für diagnostische Maßnahmen. Besonders wenn eine Multimorbidität (mehrere verschiedene Erkrankungen) vorliegt, kann eine vollständige Diagnostik erhebliche Schwierigkeiten für einen alten Menschen mit sich bringen. Wenn eine solche Diagnostik als sehr belastend empfunden wird, indem die Chancen auf positive Ergebnisse de facto sehr gering sind, darf der Arzt sich mit beschränkten diagnostischen Maßnahmen begnügen. Was für jeden Einzelfall notwendig ist und was nicht, kann freilich nicht mehr in allgemeinen Regeln artikuliert werden. Diese Entscheidung wird nach Abwägung der verschiedenen Faktoren zustande kommen müssen, bei denen die Gesamtsituation des alten Menschen und dessen Belange von wesentlicher Bedeutung sind (siehe ausführlicher bei Anschütz 1982).

Lebensverlängerung

Die therapeutischen Maßnahmen zur Lebensverlängerung bilden sowohl in menschlicher Hinsicht als auch rein medizinisch betrachtet eine schwierige Problematik. Der behandelnde Arzt hat einen großen Anteil an den Entscheidungen. Der Kranke kann ja nur auf Grund der Information des Arztes oder nach einem Vorschlag des Arztes entscheiden. Auch wenn der Arzt sich sehr darum bemüht, eine objektive Information zu vermitteln, wird doch seine eigene Meinung und seine Grundhaltung gegenüber dem Sinn des Lebens mitschwingen. Das ist an und für sich akzeptabel, um so mehr, weil Kranke manchmal den Arzt darum bitten, seine Meinung zu sagen. Von größter Wichtigkeit ist, daß sich der Arzt seiner Meinung und Haltung bewußt ist, damit diese nicht unbewußt und von vornherein seine Information und Vorschläge in eine bestimmte Richtung lenken. Aus der Sicht der medizinischen Ethik ist es weiterhin wichtig, *wie* man sich dem Problem der Lebensverlängerung annähert. Betrachten wir das Beispiel eines neunzigjährigen Mannes, für den das Ende seines Lebens näher kommt, und der der Meinung ist, sein Leben sei vollendet. Eines Tages stellt sich heraus, daß er an einem weit fortgeschrittenen und wahrscheinlich schon metastasierten Magenkrebs leidet. Man kann sich fragen: Aus welchen Gründen darf man von einer therapeutischen Behandlung absehen? Man kann aber auch fragen: Aus welchen Gründen darf man durch medizinische Intervention in diesen fortgeschrittenen Prozeß der Erkrankung vor dem Hintergrund des fast vollendeten Prozesses des Alterns noch eingreifen? Die letzte Frage scheint mir die richtigere zu sein, weil sie von der Gesamtsituation ausgeht, in der dieser Mensch sich befindet. Die ethisch vertretbare Antwort dürfte in diesem Fall wohl sein, daß – vorausgesetzt der Betroffene ist damit einverstanden – keine therapeutische Behandlung mehr gemacht wird und man sich auf die medizinisch-pflegerischen Maßnahmen beschränkt, durch die die letzte Lebensphase erträglich wird. Unter Umständen, besonders wenn der Tod sehr bald zu erwarten ist, kann sogar das Einstellen von weniger aggressiven therapeutischen Maßnahmen verantwortbar sein. Man denke an den Fall, daß ein sterbender alter Mensch eine schwere Lungenentzündung bekommt, deren Bekämpfung nur eine kurze Verlängerung des Sterbens und des Leidens mit sich bringen würde.

Es kommt vor, daß ein Betagter der Überzeugung ist, sein Leben sei vollendet, und manchmal den Wunsch äußert er auch, bald sterben zu wollen.

Wenn der Tod nach dem Gefühl des Betagten zu lange auf sich warten läßt, kann es vorkommen, daß er eine einfache Methode wählt, sein Sterben zu beschleunigen: Er ißt nichts mehr und trinkt nur noch sehr wenig. Und er wird dann auch bald sterben.

Ich denke an das Beispiel einer achtzigjährigen Frau, sehr schwach, tatsächlich „allein auf der Welt", d.h. ohne Familie oder Freunde. Sie ist von Geburt an taub, kann aber durch Lippenlesen Gespräche führen. Nachdem sie über Monate hinweg den Wunsch geäußert hat, bald sterben zu dürfen, will sie einfach nicht mehr. Sie will nicht mehr aufstehen, ißt nicht mehr und trinkt sehr wenig. Die Ärztin des Pflegeheimes und die Pflegepersonen tun sich schwer damit. Sie versuchen ihr klar zu machen, daß ihr Leben doch noch einen Sinn haben könnte. Die alte Dame lehnt das ab. Sie blockiert verschiedene Male die Gespräche mit ihrer Ärztin, indem sie ihre Augen fest schließt, damit sie nicht mehr „hören" kann, was die Ärztin sagt.

Der Versuch, die Patientin zu einer anderen Meinung zu bringen, ist sicher richtig. Aber wenn ein Mensch wirklich nicht mehr will, dann werden wir m.E. – wenn auch contre coeur! – diese Entscheidung respektieren müssen. Dabei bleibt vorausgesetzt, daß durch diese Entscheidung keinen anderen Menschen Schaden zugesetzt wird und daß vom Arzt keine Hilfeleistung verlangt wird (z.B. aktive Euthanasie), die er mit seinem Gewissen nicht vereinbaren kann.

Um Mißverständnissen vorzubeugen, möchte ich bemerken, daß das Alter an sich noch keinen ausreichenden Grund für einen Verzicht auf therapeutische Behandlung darstellt. Es handelt sich immer um die Bedeutung der Behandlung für die ganzheitliche Situation, in der der betroffene alte Mensch sich befindet, und um die menschliche Bedeutung des Eingreifens. Ich denke an das Beispiel einer siebzigjährigen Frau, die unter fortschreitenden Kontrakturen litt. Die Pflege wurde immer schwieriger, und Wundliegen war fast nicht mehr zu vermeiden. Der Arzt des Pflegeheimes hat sie doch ins Krankenhaus eingewiesen, wo ihre Kontrakturen weitgehend korrigiert wurden. Es war für die Kranke eine Erleichterung, und die pflegerischen Probleme waren zum größten Teil beseitigt.

Wer genau zuhört, wie es in der Praxis (besonders in den Krankenhäusern) zugeht, wird nicht verneinen können, daß in der Regel sogar Hochbetagte bei Erkrankungen fast automatisch in die Intensiv-Station verlegt werden, obwohl sie am Ende aller ihrer Kräfte sind. Es wäre wünschenswert, diesen Automatismus zu durchbrechen und in jedem Einzelfall die Frage zu stellen, ob eine Verlängerung des Sterbens für diesen Menschen einen Sinn hat!

Kostendämpfung am falschen Platz?

In diesem Zusammenhang muß noch ein Problem angesprochen werden, das ebenso schwierig wie delikat ist: der wachsende Mangel an finanziellen Mitteln. In den Niederlanden (wie auch in vielen anderen Ländern) wird im Moment eine tief eingreifende Kostendämpfungspolitik im Bereich des Gesundheitswesens durchgeführt. Sie trifft auch die Pflegeheime für chronische geriatrische Patienten und drückt sehr stark auf die Planstellen für den Pflegebereich. Die notwendigen Sparmaßnahmen führen zu bestimmten Formen der „Rationalisierung" der pflegerischen Arbeit, vor allem zu einer Verringerung der am meisten zeitraubenden Arbeit. Theoretisch mag das viel für sich haben, aber in der alltäglichen Praxis führt es zu einem unakzeptablen Teufelskreis, und zwar aus folgenden Gründen. Die Arbeiten, die den größten Zeitaufwand mit sich bringen, sind: Vorbeugung gegen Wundliegen, Hilfsmaßnahmen bezüglich der Unfähigkeit, Blase und Darm zu kontrollieren, und Hilfe beim Essen. Beschränkungen in diesem Bereich können sehr negative Konsequenzen mit sich bringen. Schränkt man Maßnahmen ein, die nötig sind, um einem Dekubitus vorzubeugen, so wird dies zur Folge haben, daß öfter ernsthafte Dekubitusgeschwüre entstehen werden. Wenn bei Inkontinenz weniger oft reine Wäsche angezogen und neu gebettet wird, so vergrößert sich die Gefahr für Dekubitus und Infektionen; frühzeitig Katheterisieren ist hier keine echte Lösung, weil das bekanntlich die Gefahr für Infektionen und andere Beschwerden mit sich bringt. Und schließlich ist eine vorzeitige Sonderernährung, die den Zeitaufwand beim Füttern vermindern soll, keine Lösung, weil das vorzeitig eine ernsthafte Belastung für den Kranken bedeutet. Persönlich bin ich der festen Überzeugung, daß durch solche Sparmaßnahmen die Grenzen des ethisch Akzeptablen erreicht und sogar überschritten werden. Das Ganze ist ein Appell an die Behörden und an die führenden Personen der Einrichtungen, den Druck ihrer Kostendämpfungspolitik vom Krankenbett wegzuholen und z.B. zu den allgemeinen Dienststellen zu verlagern.

Die Sorge um den psychisch kranken alten Menschen

Für manche alten Menschen kommt irgendwann ein Moment, an dem sich Symptome einer gewissen Desorientierung offenbaren. „Er gerät ein bißchen durcheinander", oder „er wird ein wenig verwirrt", sagen wir dann. Wenn es allmählich schlimmer wird, stellen wir fest, daß der alte Mensch an Altersdemenz, an altersbedingtem Schwachsinn also, leidet. Eine solche Feststellung bringt für den betroffenen alten Menschen große Gefahren mit sich. Zunächst einmal die Gefahr, daß die Feststellung fälschlich zu frühzeitig getroffen wird und danach unser Benehmen beeinflußt. Eine zweite Gefahr besteht darin, zu meinen, es handle sich um etwas Unheilbares. Dem ist aber nicht immer so. Neuere Untersuchungen haben nachgewiesen, daß nicht wenige alte Menschen nur für eine bestimmte Zeit desorientiert und verwirrt werden, z. B. durch die Entwöhnung von Alkohol und Barbituraten, oder durch den Gebrauch von anderen Medikamenten. Auch der Verlust des Ehepartners, des sozialen Status, des Selbstbewußtseins und der früheren sinnvollen Beschäftigungen können vorübergehend eine Desorientierung hervorrufen. Besonders die Aufnahme in ein Krankenhaus oder in ein Heim kann ältere Menschen in Verwirrung bringen: lange, weißgestrichene Gänge; dieselben Türen mit derselben Farbe; Zimmer mit weißen Wänden und Decken; die Entwöhnung von der regelmäßigen Zeitungslektüre und der Tagesschau; das Fehlen eines Kalenders mit großen Ziffern an der Wand. Viele, für sie unbekannte Hilfskräfte kommen zu ihnen und tun allerlei Dinge, deren Zweck sie nicht begreifen können. Wenn diese Hilfskräfte hinter ihrem Rücken auch noch behaupten: „Die bei uns sind, sind alle mehr oder weniger verwirrt!" und sich den Alten gegenüber dementsprechend benehmen, dann ist ein Teufelskreis geschlossen. Diese Skizzierung (nach Grond 1983) macht deutlich, wie groß die Gefahr ist, daß alte Menschen, die nur vorübergehend desorientiert sind, zu Unrecht in dieser Situation fixiert werden. Vor diesem Hintergrund darf man behaupten, daß „Verwirrtwerden" zum Teil ein zwischenmenschliches Geschehen ist, das durch die Umgebung sehr verstärkt oder vermindert werden kann. Es bedarf wohl keines Beweises, daß dies für das Wohl des alten Menschen verheerende Folgen mit sich bringen kann!

Die Schlußfolgerung muß lauten: wenn sich gewisse Symptome zeigen, soll zunächst einmal eine gründliche psycho-somatische Untersuchung durchgeführt werden. Erst das Ergebnis dieser Untersuchung bildet den einzigen verantwortbaren Ausgangspunkt für weitere Maßnahmen (siehe Grond 1983; Stähelin 1984; Dowd 1984).

Grundnormen

Für die Maßnahmen der Gesundheitssorge sind die Ärzte in ihren Entscheidungen auf verschiedene Quellen angewiesen: die objektiven medizinisch-somatischen Daten; die Information der Pflegepersonen; die Ergebnisse der Untersuchung nach dem Versorgungsbedürfnis; die Information der Familienangehörigen und/oder der Freunde.

Das Wohl des ganzheitlich gesehenen psychisch kranken alten Menschen bildet die Grundnorm für alle Hilfe, die dargeboten werden soll. Bei psychisch-kranken alten Menschen ist es aber noch schwieriger, den konkreten Inhalt dieses Wohles zu entdecken als bei den körperlichen Kranken der Fall ist. Über Art und Umfang der Erkrankung sowie ihre menschliche Bedeutung hört man ja nichts vom Kranken selbst; man muß versuchen sie mittels der Information und Interpretation der Umgebung zu verstehen. Dabei erweist es sich als ebenso schwierig, ihren Sinn richtig einzuschätzen, wie die Frage einer eventuellen Lebensverlängerung recht zu beurteilen (vgl. Werner 1985).

Das allgemein gültige Prinzip, daß die Entscheidung des Kranken selbst ausschlaggebend ist, ist in der Praxis nicht mehr zu realisieren, wenn es sich um psychogeriatrische Kranke handelt, die zu einer solchen Entscheidung nicht mehr fähig sind. Das bringt es mit sich, daß andere (vornämlich Ärzte) gezwungenermaßen für sie entscheiden müssen. Für diese anderen bedeutet das die ethische Pflicht, sich in die Situation des alten Menschen einzuleben und jeder Projektion eigener Gefühle oder der eigenen Grundhaltung soweit als möglich vorzubeugen. Was dies konkret beinhaltet, kann beispielhaft anhand einiger Schwierigkeiten aus der alltäglichen Praxis erläutert werden.

Beschränkungen der Freiheit

Eine erste ethische Problematik betrifft die Notwendigkeit, in bestimmten Fällen die Bewegungsfreiheit psychogeriatrischer Patienten drastisch einzuschränken. Man denke an die Unterbringung in einer geschlossenen Abteilung und an das Fesseln im Bett. Durch das erste nimmt man dem psychisch Kranken seine vertraute soziale Umwelt, durch das zweite sogar die Bewegungsfreiheit elementarer Art, weil dem alten Menschen dann innerhalb der geschlossenen Abteilung nur noch die zwei Quadratmeter des Bettes übrig bleiben. Ist eine solche Hilfe keine Verletzung der Persönlichkeitsrechte des Menschen?

Vom ethischen Standpunkt ist der Hinweis wichtig, daß zunächst untersucht und festgestellt werden muß, ob bzw. daß es sich nicht um eine vorübergehende Verwirrung handelt. Wenn das der Fall ist, sind Maßnahmen dauernder Art ethisch nicht vertretbar, weil sie den Menschen zu Unrecht in einer Situation – die nicht seine ist – fixieren würden. Wenn fest steht, daß es sich wirklich um eine definitive und progressive Altersdemenz handelt, ist damit auch noch nicht automatisch die Rechtfertigung aller einschränkenden Maßnahmen sichergestellt. Die Bewegungsfreiheit stellt einen wichtigen menschlichen Wert dar. Nur die Beeinträchtigung wichtiger anderer menschlicher Werte kann eine solche Einschränkung ethisch vertretbar machen. Der verantwortliche Arzt wird dann abwägen müssen, inwiefern der Prozeß der Altersdemenz im Moment fortgeschritten ist, wie groß die Gefahr ist, daß der Patient sich selbst oder anderen etwas Schädliches antun könnte, welche vorbeugenden Maßnahmen für den Moment notwendig sind. Auch in diesen Fällen handelt es sich um Abwägung verschiedener menschlicher

Werte, und in diesem Fall ist die Entscheidung für das geringere Übel ethisch vertretbar.

Lebensverlängerung und Altersdemenz

Die Probleme um eine eventuelle Lebensverlängerung bilden für die behandelnden Ärzte manchmal besonders deshalb eine sehr ernsthafte Schwierigkeit, weil der psychogeriatrische Patient (fast) nicht mehr in der Lage ist selbst zu entscheiden. Ich denke an das Beispiel eines fünfundsiebzigjährigen Mannes, der an fortgeschrittener Altersdemenz litt, aber körperlich den Umständen nach in einer relativ guten Kondition war. Infolge einer Regulationsstörung des Gehirns geriet die Schluckmuskulatur in Unordnung. Verschlucken wurde ein ernsthaftes, täglich neu auftretendes Problem. Man versuchte dem durch pürierte Ernährung vorzubeugen. Die Beschwerden verschlimmerten sich; wiederholt entstanden Beklemmungen. Verschiedene Lungenentzündungen aufgrund des Einsaugens von Speisen u.s.w. in die Lungen wurden mittels Antibiotika überwunden. Sondenernährung war die einzige Möglichkeit, um den genannten Schwierigkeiten vorzubeugen. Aber eine Sonde irritiert, und diese wurde deshalb vom verwirrten Betagten etliche Male pro Tag herausgezogen. Dadurch wurden die Hilfskräfte vor die Wahl gestellt: entweder dem Patienten das Elend antun, viermal am Tag eine neue Sonde einbringen zu müssen, oder aber ihn fesseln, damit er die Sonde nicht mehr herausziehen konnte, oder aber die Sondenernährung einstellen und sich passiv gegenüber dem dann schnell ablaufenden Sterbeprozeß einstellen und sich auf eine gute medizinisch-pflegerische Versorgung beschränken. Keine der drei genannten Möglichkeiten bildet eine ideale Lösung. Man wird also – nach Abwägung der verschiedenen Aspekte – das „geringere Übel" wählen müssen, d. h. für jene Entscheidung, durch die die Belange des Schwerkranken am wenigsten beeinträchtigt werden. Unter diesem Vorzeichen könnte m. E. die Wahl der dritten Möglichkeit (passives Verhalten) ethisch vertretbar sein.

Alter und Verwirrtsein sind an und für sich kein ausreichender Grund, einem alten Menschen die medizinische Behandlung zu verweigern. Sie bilden aber Faktoren, denen man in jeder Einzelentscheidung Rechnung tragen muß. Ich denke dabei an folgendes Beispiel. Ein einundneunzigjähriger Mann mit fortschreitender Altersdemenz, wurde allmählich weniger vital, weil seine Herzfrequenz niedriger wurde. Nach langen Überlegungen entschieden sich die Ärzte der psychogeriatischen Klinik dafür, den Kardiologen zu bitten, einen Schrittmacher einzupflanzen. Dieser ließ sich – nach anfänglicher Weigerung – dazu überreden, unter Lokalanästhesie einen Schrittmacher einzupflanzen. Die Vitalität kam zurück, bis bald danach eine Dislokation eintrat. Diese wurde dann unter Vollnarkose korrigiert. Der Schrittmacher funktionierte danach hervorragend, aber die Altersdemenz verschlimmerte sich vom Tag der Operation an. Als er ein halbes Jahr später zum Sterben kam, hat sich dieses Sterben über Monate hinausgezogen, weil der Schrittmacher bestens funktionierte und das Herz in Gang hielt. Niemand wagte es, den Schrittmacher einzustellen bzw. durch eine kleine Operation wieder zu entfernen, weil das den sofortigen Tod zur Folge haben würde.

Die Verweigerung der operativen Entfernung des Schrittmachers ist begreiflich und m. E. höchstwahrscheinlich auch eine ethisch richtige Entscheidung. Es bleibt aber die Frage, ob das Einbringen des Schrittmachers eine richtige Entscheidung war, angesichts des doch ablaufenden Lebens dieses hochbetagten und außerdem verwirrten Mannes. Das scheint mir jedenfalls diskutabel zu sein. Aus dem Beispiel kann man aber lernen, daß man bei der Entscheidung für eine bestimmte therapeutische Intervention die Folgen dieser Entscheidung berücksichtigen muß. Anders gesagt: Man darf sich nicht mit einer pragmatischen Entscheidung für einen Moment zufrieden geben; man muß sich um einen Therapieplan bemühen, in dem die eventuell auftretenden neuen Probleme schon einkalkuliert werden.

Rücksprache mit Hilfskräften und Angehörigen

Der behandelnde Arzt trägt in solchen Fällen zum größten Teil die Verantwortung für die Entscheidung. Art und Folgen dieser Entscheidung sind so, daß eine ausführliche Überlegung mit Pflegepersonen und anderen Hilfskräften und mit Angehörigen erforderlich ist. Die Konsultation der Pflegepersonen ist auch aus anderen Gründen notwendig. Wenn sie keinen Anteil am Entscheidungsprozeß haben, können sie in größte Schwierigkeiten geraten, wenn sie z. B. eine andere Auffassung über den Unterschied zwischen Behandlung und Versorgung haben; besonders in Fällen, in denen der Tod lange auf sich warten läßt.

Bei den Überlegungen mit den Familienangehörigen ergibt sich eine andere Schwierigkeit, auf die ich zumindest hinweisen möchte. Wenn psychogeriatrische Patienten in einer Klinik oder in einem Heim verbleiben, meldet sich meistens jemand aus der Familie als Kontaktperson; durchwegs ist das die Person, die den betroffenen Kranken auch rechtlich in finanziellen Angelegenheiten vertreten kann. Wenn der Kranke sich früher eine solche Person selbst gewählt hat, wird das meistens zugleich eine Vertrauensperson sein. Wenn das nicht der Fall ist, kann es durchaus auch vorkommen, daß diese Kontaktperson nicht der geeignete Gesprächspartner für die menschlichen Aspekte der Betreuung ist. Ein Beispiel zur Verdeutlichung.

Eine fünfundsechzigjährige Dame, unverheiratet, erlitt einen Gehirnschlag und fiel in ein tiefes Koma. Durch ausgezeichnete medizinische Betreuung erwachte sie aus diesem tiefen Koma, aber kam nicht ganz zu sich. Ihr Bruder kam pflichtgemäß jede Woche eine halbe Stunde zum Besuch ins Krankenhaus. Ihre Freundin dagegen saß jeden Tag stundenlang an ihrem Bett. Durch ihre Gespräche, ihr Streicheln und ihre warme menschliche Nähe hat sie ihre Freundin weiter aus ihrem Koma geholt und mehr zu sich kommen lassen. („Sie hat ihre Freundin aus ihrem Koma geredet und geschmust", sagten die Krankenschwestern der Station nachher.) Nachdem das Maximale erreicht war, war die Dame aber doch nicht mehr fähig, alleine zu wohnen. Die Einweisung in ein Heim wurde notwendig. Der behandelnde Arzt stellte die Überlegungen darüber mit dem Bruder der Betroffenen an. Als die Freundin sich beim Arzt meldete und auch einmal mit ihm darüber reden wollte, wurde sie abgewiesen, denn – so sagte der Arzt – das sei doch nicht ihre Angelegenheit, sondern die des nahen Verwandten. Das Beispiel macht deutlich, daß Ärzte sich nicht von vornherein und ausschließlich auf die Familienangehörigen verlassen müssen. Darüber hinaus zeigt es, daß die Krankenschwestern (oder Gemeindeschwestern) manchmals sehr wichtige Informationen zugunsten einer richtigen Entscheidung einbringen können.

Bedeutet das nun, daß der behandelnde Arzt sogar gegen die Auffassung der Angehörigen entscheiden könnte? In bestimmten Fällen könnte das m. E. notwendig sein. Ich denke an das Beispiel einer achtzigjährigen Frau, die leicht verwirrt war und von einer Lungenentzündung betroffen wurde. Diese war so schwer, daß sich eine Einweisung ins Krankenhaus als notwendig erwies. Ihre Kinder – selbst schon zwischen vierzig und sechzig Jahre alt – waren damit nicht einverstanden. Sie waren der Meinung, der Arzt solle ihre Mutter ruhig im Altenheim sterben lassen, denn – so sagten sie – die Mutter sei doch schon so alt und sowieso ein wenig verwirrt, und habe doch weiterhin nichts mehr vom Leben zu erwarten. Ein alter Freund, der die Dame dreimal pro Woche besuchte, bat den Arzt aber, der betagten Frau eine Chance zu geben. Der Arzt hat sie in der Tat ins Krankenhaus eingewiesen, aus dem sie dann vier Wochen später in relativ gutem gesundheitlichem Zustand wieder ins Altenheim zurück kam. Sie hatte wieder Freude an den kleinen Dingen des Lebens.

Dieses – einigermaßen extreme – Beispiel darf nicht generalisiert werden. Es gibt bekanntlich auch Beispiele, daß die erwachsenen Söhne und Töchter einen alten Vater oder eine alte Mutter noch nicht missen können und auf extreme Art den Arzt dazu auffordern, alles zu tun, um den alten Menschen am Leben zu erhalten ohne sich dabei zu fragen, ob diesem damit gedient ist.

Persönlich bin ich der Meinung, daß der behandelnde Arzt das Recht und in bestimmten Fällen sogar die Pflicht hat, gegen die Auffassung der Angehörigen zugunsten des Patienten zu entscheiden. Es handelt sich dabei ja nicht um eine Meinungsverschiedenheit zwischen dem Arzt und dem Patienten. Denn dann wäre die Entscheidung des Patienten maßgebend. Es handelt sich hier um die Interpretation des Arztes bzw. der Familienangehörigen im Hinblick auf die Belange des Kranken. Es bedarf keines ausführlichen Hinweises darauf, daß für solche Entscheidungen die Rücksprache mit einem Kollegen oder einer anderen Person erwünscht ist.

Es wäre natürlich besser, wenn man solche Interpretationsprobleme vermeiden könnte. Hausärzte und niedergelassene Fachärzte, die ihre Patienten manchmal über lange Jahre betreuen, können oft besser einschätzen, was der Patient selbst wählen würde. Außerdem können sie sich Anhaltspunkte dafür schaffen, indem sie ab und zu mit ihren Patienten über solche Probleme reden. In den Niederlanden gibt es mehr und mehr Hausärzte, die sich nicht nur Notizen über die rein medizinischen Vorfälle und Interventionen machen, sondern auch über die menschlichen Aspekte dieser Ereignisse. Wenn dann der Patient in eine Situation gerät, in der er selbst nicht mehr entscheiden kann, ist es leichter einzuschätzen, welche Entscheidung am besten in die Lebensgeschichte und Lebensauffassung des Kranken paßt. Eine Variante davon findet man bei McCullough (1984). Nach seiner Meinung soll der Hausarzt (oder: the patient's primary care physician) eine „Wert-Geschichte" (value history) zusammenstellen, in der besonders notiert werden soll, welche menschlichen Werte für den Patienten von großer Bedeutung sind. Dabei gilt die gleiche Zielsetzung: einen Anhaltspunkt für die Interpretation der Hilfskräfte und Angehörigen in den Fällen zu schaffen, in denen der Kranke selbst nicht mehr entscheiden kann. Persönlich bin ich davon überzeugt, daß ein solcher „medizinischer Lebenslauf" oder eine solche „Wert-Geschichte" für diese Zwecke sehr nützlich sein kann. Dabei ist aber unterstellt, daß die Fachärzte der Krankenhäuser tatsächlich bereit sind, mit ihren Kollegen zu überlegen, sich die Lebensgeschichte anzuhören und den Konsequenzen Rechnung zu tragen.

Konsequenzen

Der Versuch das Ergebnis der vorausgegangenen ethischen Überlegungen zusammenfassen und in deutlichen ethischen Normen zu artikulieren, wäre unrichtig. Es ist nicht die erste Aufgabe der Ethik, Normen und Regeln zu formulieren. Von seiten der Ethik können zwar bestimmte Richtungsweiser aufgestellt werden, die andeuten, innerhalb welcher Grenzen wir die Sorge um den gesunden und kranken alten Menschen gestalten müssen. Im übrigen muß die Ethik vor allem an die Verantwortlichkeit eines jeden Menschen zur echten Solidarität mit den älteren Mitmenschen appellieren. Das hat konkrete Konsequenzen.

Zunächst einmal bedeutet dies den Appell an die staatlichen Behörden, bei ihren Entscheidungen über die sozialen Hilfsmaßnahmen nicht nur den sozial-ökonomischen Belangen, sondern in gleicher Weise auch den typisch menschlichen Belangen der alten Menschen Rechnung zu tragen.

Zweitens bedeutet dies den Appell an die führenden Personen der Altenheime, Pflegeheime, Krankenhäuser und der Fürsorge außerhalb solcher Anstalten, ihre Verantwortlichkeit für das Wohl des ganzheitlichen alten Menschen ernst zu nehmen und Möglichkeiten für die Gewährleistung einer wahrhaft menschlichen Sorge zu schaffen.

Weiter ist dies ein Appell an die einzelnen Ärzte, Pflegepersonen und alle anderen Hilfskräfte zur tatsächlichen Solidarität mit den alten Menschen. Unter Solidarität ist verstanden: Zusammengehörigkeitsgefühl und Bewußtsein der Verantwortlichkeit, und zwar in der aktiven Bereitschaft, sich für das Wohl des hilfsbedürftigen alten Menschen einzusetzen.

Damit ist aber nicht gemeint, daß alte Menschen selbst keine Verantwortlichkeit für ihre Belange tragen sollen, bzw. alles auf die Gesellschaft und die professionellen Helfer abschieben dürfen! Das wäre eine Entmündigung der Älteren und eine Überforderung der Hilfskräfte. Die ältere Generation bleibt selbst verantwortlich für all das, was sie selbst wahrnehmen kann.

Schließlich möge die ethische Besinnung auch ein Appell an die Kinder (und Enkelkinder) sein. Das Leben lehrt uns, daß es im Hinblick auf die Verantwortlichkeit von Eltern und Kindern untereinander eine Wandlung gibt. In dieser Beziehung tragen die Eltern zunächst einmal die ganze Verantwortlichkeit für ihre Kinder, weil sie selbst noch nicht imstande sind, diese zu tragen und für sich selbst zu sorgen. Dann kommt eine Periode, in der die Kinder Erwachsene geworden sind und ihre Verantwortlichkeit selbst tragen können. Schließlich kommt die Zeit, in der die Eltern nicht mehr für sich selbst sorgen können. Es bedarf keines Beweises, daß dann die Kinder im Prinzip zuerst angesprochen sind, die Verantwortung für das Wohlsein der Eltern zu übernehmen.

Es ist lobenswert, daß der Staat die älteren Menschen finanziell unterstützt und die nötigen sozialen Vorkehrungen trifft, und daß professionelle Hilfskräfte andere Nöte der alten Menschen lindern. Hilfeleistungen aber sollen begrenzt werden durch die tatsächliche Hilfsbedürftigkeit; in diesem Fall heißt das, daß die

Hilfeleistungen nur in sofern geboten werden sollen, solange die alten Menschen und ihre Kinder dazu nicht in der Lage sind. So bleibt den Kindern z. B. immer die Aufgabe, dafür zu sorgen, daß die Eltern nicht vereinsamen, sondern auf eine sinnvolle Art und Weise ihre letzten Lebensjahre verbringen können.

Die Erfahrungen der Mitarbeiter von Krankenhäusern und Altenheimen lehren uns, daß in diesem Bereich viele Fehler gemacht werden. Es kommt vor, daß Kinder ihre alten Eltern bei leichten Erkrankungen vorzeitig ins Krankenhaus bringen oder endgültig in ein Altenheim „abschieben". Es kommt aber auch vor, daß Kinder ihre Versorgungspflicht so ernst nehmen, daß sie jahrelang von einem der Eltern tyrannisiert werden. Trotzdem kann man sich des Eindrucks nicht erwehren, daß in der Verantwortlichkeit in diesem Bereich generell betrachtet ein blinder Fleck entstanden ist.

In den letzten Jahrzehnten wuchs – wie am Anfang schon erwähnt – die Überzeugung, Altenpflege sei keine religiöse Angelegenheit des vierten Gebotes und der christlichen Nächstenliebe und Barmherzigkeit, sondern ein soziales Grundrecht des Menschen. Der Sozialstaat hat diese Mentalität durch die vielen Vorkehrungen bestätigt. Diese sind aber unbezahlbar geworden und machen eine einschneidene Kostendämpfung notwendig. Inzwischen haben sich die (selbst meist schon erwachsenen und selbst sogar schon alten) Kinder daran gewöhnt, daß der Staat bzw. die Einrichtungen die Sorge um die alten Menschen übernehmen. Und jetzt muß ein „Entwöhnungsprozeß" in Gang gesetzt werden, damit die Kinder ihre Verantwortlichkeit wieder auf sich nehmen. Das bedeutet, daß für viele eine tatkräftige Mentalitätsänderung unentbehrlich ist.

Die geschilderten Entwicklungen betonen noch einmal ganz deutlich die Notwendigkeit, daß bei Entwicklungen der Fürsorge gleichzeitig sowohl der planmäßige Aufbau der sozial-ökonomischen Vorkehrungen als auch das Bewußtsein der Verantwortlichkeit und Solidarität gefördert werden müssen.

Jeder von uns hat also, dies ist die Konsequenz aus dem Gesagten, die ethische Aufgabe, den Mitmenschen der älteren Generation jene menschliche Hilfe, Nähe und Geborgenheit zu bieten, die sie jetzt brauchen und die wir selber in der Zukunft zum sinnvollen Lebensabschluß dringend benötigen.

III. Bedingungen für „erfolgreiches Altern“

von Sigrun-Heide Filipp

Vorstellungen vom „Altern“: Bilder und Stereotype

Was heißt es eigentlich und was meinen wir, wenn wir von „Altern“ sprechen? Altern heißt ja zunächst einmal nur das Durchschreiten in einem individuellen Lebenslauf – es beginnt mit der Geburt, ja strenggenommen vielleicht schon mit dem Tag der Empfängnis: Ein Mensch durchschreitet die ihm zugewiesene Zeit seines Lebens. Doch wenn wir von Altern sprechen, umschreiben wir mit dem Begriff natürlich noch vieles mehr, und es ist sicher auch eine Frage der jeweiligen individuellen oder fachspezifischen Orientierung, welche Assoziationen wir damit verbinden und in welche Metaphorik „Altern“ eingebettet ist.

Altern mag zum einen so verstanden werden, daß sich ein individuelles Leben der Unausweichlichkeit des Todes stetig nähert und daß dabei verschiedene Funktionen und Fähigkeiten kontinuierlich abnehmen. Oft wird diese Auffassung von Altern mit dem Begriff der Entropie verglichen, mit dem die Tendenz zur Auflösung von Systemen aufgrund des Energieverlustes, den sie über die Zeit hinweg erleiden, gekennzeichnet wird. Viele physiologische Theorien des Alterns etwa basieren auf der Idee der Begrenztheit der Energiespeicherung und des Energievorrats: Der Mensch verbrauche sein Energiereservoir, er lebe diesen Vorrat sozusagen ab bis zu seinem Tode. Altern heißt hier also Abbau, defizitärer Verlauf und negativ bewertete Veränderungen im Verhalten und Erleben. Shakespeare sagt in „Wie es Euch gefällt“ (2. Akt, 7. Szene): „Das sechste Alter macht den besockten, hageren Pantelon, Brille auf der Nase... Der letzte Akt ist zweite Kindheit, gänzliches Vergessen, ohn' Aug, ohn' Zahn, ohn' Geschmack und alles.“

Nun gibt es aber auch ganz andere Auffassungen, nämlich solche, in denen die Akkumulation von Erfahrung im Prozeß des Alterns besonders betont wird. Gerade im Rahmen von kulturvergleichenden Studien zeigt sich oft sehr deutlich, wie unterschiedlich die Position alter Menschen in dem jeweiligen sozialen System gewichtet und bewertet wird und wie groß zuweilen die Macht alter Menschen ist, die sich auf Wissen und Erfahrung begründet (zusammenfassend Guttman 1977).

Eine nicht selten gebrachte Metapher ist es hier, die Entwicklung des Menschen während seines Lebens mit einem Baum in seinem Wachstum und seiner Verzweigung zu vergleichen (z. B.

Birren 1974). Altern heißt in diesem Falle nicht die allmähliche Auflösung des Systems, sondern eine zunehmende Strukturierung, fortlaufende Ausdifferenzierung, Verfeinerung und zugleich Integration von Erfahrungsbeständen. Dies spiegelt sich auch in der Sentenz von Cicero wider: „Nicht mit körperlicher Kraft, Gewandheit und Schnelligkeit wird Großes ausgeführt, sondern mit den Gedanken, mit geistiger Überlegenheit und Geltendmachen der Ansichten – Eigenschaften, deren das Alter nicht nur nicht beraubt zu werden, sondern die es in noch höherem Maße zu gewinnen pflegt...".

Altern ist also ein Vorgang, der zum einen aus gleichsam distanzierter Perspektive des Dichters, des Philosophen oder des Forschers (z.B. aus der Sicht des Biologen, Psychiaters, Psychologen, Physiologen oder Soziologen) betrachtet wird. Altern ist aber auch ein Vorgang, der von jedem Individuum, das immer zugleich ein alterndes Individuum ist, in bestimmter Weise subjektiv erlebt wird. Altern ist ein dem Bewußtsein unmittelbar zugänglicher Prozeß, d.h. das Durchleben der Zeitspanne und das Bewußtwerden der eigenen Endlichkeit werden irgendwann zu zentralen Erlebnisinhalten. Wenn die subjektive Standortbestimmung im Lebenslauf sich zunehmend an der künftig noch verbleibenden Zeit orientiert, vollzieht sich ein Wechsel in der Zeitperspektive, der oft als eine kritische Phase des Erwachsenenalters erlebt und betrachtet wird (vgl. Neugarten 1979). Im einen wie im anderen Falle, also aus distanzierter Betrachtung des Wissenschaftlers wie auch im subjektivem Erleben des Individuums, ist der Prozeß des Alterns mit bestimmten Vorstellungen verknüpft, die in mancherlei Hinsicht auch Stereotype und mythische Vorstellungsbilder enthalten. Diese Vorstellungen bestimmen in jedem Falle aber auch die Art und Weise, wie wir uns der Analyse von Alternsprozessen nähern, und nicht zuletzt auch, wie wir im Alltag alten Menschen begegnen.

Lassen Sie mich dies an zwei Aspekten illustrieren: Es gehört sicher zu den weithin geteilten Vorstellungen vom höheren Alter, daß mit dem Alter ein Abbau der intellektuellen Leistungsfähigkeit verbunden ist und daß dieser Abbau gleichsam naturgesetzlich vor sich gehe. Lange Zeit wurden solche Vorstellungen auch durch psychologische Studien gestützt, doch hat sich aufgrund einer sehr intensiven Forschung in den letzten 20 Jahren ein weitaus differenzierteres Bild ergeben:

Abbauprozesse im hohen Alter werden durch Daten aus sogenannten Querschnittstudien nahegelegt, während Längsschnittstudien, in denen tatsächlich der Entwicklungsverlauf über mehrere Jahre und z. T. Jahrzehnte hinweg verfolgt wird, ganz andere Ergebnisse liefern. Der Verlauf der Intelligenzentwicklung hängt also wesentlich damit zusammen, unter welchen historischen und soziokulturellen Umständen Personen aufwachsen, und es scheint so zu sein, daß es für das Leistungsniveau oft wichtiger ist, welcher „Geburtskohorte“ man angehört, denn wie *alt* man ist (Schaie 1980). Weiterhin zeigte sich, daß – sofern man aus den Intelligenztestaufgaben den Geschwindigkeitsfaktor eliminiert – die Testergebnisse der älteren Untersuchungsgruppe oft keine bedeutsamen Abweichungen mehr von denen jüngerer Untersuchungsgruppen aufweisen.

Ein wesentlicher Punkt ist auch, daß es offenbar sehr stark von dem untersuchten Aspekt der Intelligenz abhängt, ob man es mit Abbau oder mit Stabilität zu tun hat. Betrachtet man Ausschnitte wie Schnelligkeit der Wahrnehmung und der visuell-motorischen Koordination, so zeigt sich beispielsweise in den Daten der Bonner Längsschnittstudie ab dem 72. Lebensjahr in der Tat ein bedeutsamer Abfall. Betrachtet man hingegen Ausschnitte wie Wortverständnis, logisches Schlußfolgern, allgemeines Wissen und andere eher „verbale“ Intelligenzaspekte, so ist bis in das hohe Alter hinein Stabilität, jedenfalls kein signifikanter Abbau erkennbar (Rudinger 1983).

Auch die Idee vom Nachlassen der Gedächtnisleistungen gehört zu den Stereotypen des höheren Alters. Dabei zeigt sich zunächst in Lernexperimenten, daß das Behalten oder Wiedererkennen von für die Person sinnhaftem Material in der Gruppe der älteren Personen oft nicht schlechter ausfällt als in der Gruppe der

Jüngeren. Außerdem zeigen sich keine Altersunterschiede in der Leistung des Wiedererkennens; wo Altersunterschiede feststellbar sind, so betrifft dies eher das freie Erinnern von Lernmaterial. Schließlich ist besonders bedeutsam, daß Abbauerscheinungen der Gedächtnistätigkeit insbesondere dort auftreten, wo die Personen sprichwörtlich „aus der Übung" sind (Oerter/Schuster 1982). Eine Nutzung der eigenen intellektuellen Tüchtigkeit bis ins hohe Alter scheint, wie man auch aus Trainingsstudien weiß (Baltes/Willis 1982), ein guter Garant dafür zu sein, den vermeintlich unausweichlichen Abbau der Intelligenz zu umgehen.

Daß wir mit dem hohen Alter häufiger „Abbau" assoziieren und damit unsere Stereotype vom höheren Alter eher negativ getönt sind, spiegelt sich auch im Selbstbild alter Menschen wieder: Selbstwertgefühl und Vertrauen in die eigene Leistungsfähigkeit scheinen oft abzunehmen (und führen dann häufig auch zu tatsächlich schlechteren Leistungsergebnissen). Wie es scheint, gibt es denn wohl auch ein relativ starkes Motiv, sich jünger zu fühlen, als man tatsächlich ist. Wie unsere eigenen Daten zeigen (Filipp/Klauer 1985), unterschätzen Männer aus verschiedenen Altersgruppen ihr Alter, bezogen auf bestimmte Verhaltensbereiche umso mehr, je älter sie sind. In den älteren Geburtsjahrgängen, in denen statistisch bedeutsame Unterschätzungen des eigenen Alters auftreten, tendieren die Männer offenbar dazu, sich insbesondere bezüglich ihrer intellektuellen Leistungsfähigkeit jünger einzuschätzen, während sie hinsichtlich ihrer körperlichen Leistungsfähigkeit etwas weniger „optimistisch" sind. Werden Unterschätzungen des eigenen Alters bezogen auf die körperliche Leistungsfähigkeit öfter durch die „Realität" widerlegt als solche bezogen auf die geistige Leistungsfähigkeit?

Forschungsfragen der Psychologie

Nach diesem Exkurs zu Altersstereotypen und Mythen des Alterns soll nun kurz im Überblick dargestellt werden, welcher Typ von Forschungsfragen in der Psychologie des Alterns behandelt wird. Dazu muß man anmerken, daß die Anzahl wissenschaftlicher Veröffentlichungen zum höheren Erwachsenenalter seit 1960 rapide angestiegen ist. Wenn man parallel dazu die geschätzte Bevölkerungsentwicklung betrachtet, so scheint das Forschungsinteresse am höheren Erwachsenenalter nicht zuletzt dadurch mitbestimmt zu sein, daß der Anteil der alten Menschen an der Gesamtbevölkerung in allen Industrieländern stetig zunimmt: Im Jahr 2025 sollen die Erwachsenen über 65 Jahre annähernd ein Viertel der Gesamtbevölkerung ausmachen.

Was sind nun aus der Sicht der Psychologie wichtige Themen der Alternsforschung? Um welche Fragen kreist insbesondere das Interesse der psychogerontologischen Forschung? Nicht zuletzt: Hat die Psychologie schon Antworten auf solche Fragen und wie lauten diese?

Aus der Perspektive einer Psychologie des Alterns lassen sich vier Fragenkomplexe herauskristallisieren, die in grober Rasterung das umschreiben, womit sich Psychologen in diesem Bereich beschäftigen: (1) Psychologen fragen zunächst, was sich im Verlaufe des Alternsprozesses systematisch verändert und wo – umgekehrt – ein hohes Maß an Stabilität zu beobachten ist. Es ist dies die Frage nach den entwicklungspsychologisch relevanten Ausschnitten des Verhaltens und Erlebens, die einen systematischen Wandel über die Zeit erkennen lassen. (2) Es schließt sich die Frage an, welche Ursachen oder Bedingungen den beobachteten Veränderungsprozessen zugrunde liegen, d.h. also wodurch Entwicklung in Gang gehalten wird. (3) Eine ganz zentrale Frage ist die nach der Variabilität von Alternsprozessen über die verschiedenen Menschen hinweg und die Frage danach, welche Faktoren dafür verantwortlich sind, daß Prozesse des Alterns von Individuum zu Individuum so unterschiedlich verlaufen. Mit Begriffen wie „Alternsstile" oder „Muster des Alterns" wird versucht, die beobachtete Vielfalt auf einige mögliche Grundtypen des Alterns zu reduzieren (Thomae 1980). (4) Schließlich gibt es einen großen Forschungszweig, der sich der Frage widmet, wodurch insbesondere *„erfolgreiches Altern“* gekennzeichnet ist und welche Faktoren auch hier – im Sinne förderlicher oder hinderlicher Einflußvariablen – zu beachten sind. Solche Fragen werden insbesondere auch dann bedeutsam, wenn – etwa aufgrund körperlicher Beeinträchtigung – ältere Menschen aus ihrem Lebenszusammenhang herausgerissen werden und Prozesse der Neuanpassung und Neuorientierung ihnen abverlangt werden. Welchen Menschen unter welchen Umständen solche Anpassungsprozesse gelingen oder mißlingen und in wieweit dadurch „erfolgreiches Altern“ ermöglicht oder verhindert wird, ist – nicht zuletzt auch praktisch-psychologisch – eine eminent wichtige Frage.

Institutionalisierung und Wohnortwechsel im höheren Erwachsenenalter

In der Entwicklungspsychologie hat sich in den letzten Jahren das Interesse besonders auf sog. kritische Lebensereignisse gerichtet (z. B. Filipp 1981), und man hat sich mit solchen Ereignissen insbesondere deshalb beschäftigt, weil man glaubte, Veränderungen in psychischen und physischen Merkmalen der Person mittels solcher Ereignisse erklären oder mit ihnen in Verbindung bringen zu können. Zu den in vielen Fällen oft unausweichlichen Lebensereignissen des hohen Alters gehören Institutionalisierung, d. h. die

Aufnahme in ein Alten- oder Pflegeheim, oder Wohnortwechsel, natürlich auch der Verlust des Ehepartners oder der Tod anderer nahestehender Menschen.

Das große Interesse, das insbesondere der *Wohnortwechsel* im hohen Alter in der Forschung gefunden hat, liegt vielleicht auch darin begründet, daß es von der Untersuchungsdurchführung sehr oft gelingt, entsprechende Testdurchführungen *vor* dem Eintritt des Ereignisses zu machen und nach dem Ereignis fortzusetzen, so daß man tatsächlich echte Verlaufs- und Veränderungsstudien durchführen kann (was für andere Ereignisse nicht immer so leicht möglich ist). Generell gründet sich das Interesse an belastenden Ereignissen des hohen Alters auch auf die Annahme, daß die damit verbundenen psychischen Belastungen negative Effekte auf das Wohlbefinden der Person ausüben, bis hin zu der Annahme, daß damit ein höheres Erkrankungsrisiko und sogar ein vorzeitiger Tod einhergehen könnten.

Freiwilliger oder erzwungener Wohnortwechsel

Betrachten wir nun zunächst einige Studien zu den Folgen von Wohnortwechsel im höheren Alter. Dazu kann man unterscheiden, ob der Wohnortwechsel vom häuslichen Milieu in ein Alten- oder Pflegeheim erfolgt, ob es nur die Verlegung von einer Institution in die nächste betrifft oder ob es ein normaler Wohnortwechsel von einem häuslichen Milieu zum anderen ist. Wenn die in den USA bislang beobachteten Trends auch für deutsche Verhältnisse einmal Geltung haben sollten, so wird der Anteil der institutionalisierten alten Menschen wohl noch deutlich zunehmen. Dies wird insbesondere darauf zurückgeführt, daß die soziale Einbindung alter Menschen stetig abnimmt, weil es zunehmend mehr Ehepaare ohne Kinder oder zumindest mit wenig Kindern gibt, weil der Anteil der nie verheirateten Personen oder der geschiedenen und alleinlebenden Personen zunimmt und weil die Überlebensrate der Frauen gegenüber den Männern gleichfalls immer höher wird (d. h. der Anteil alleinlebender Personen steigt stetig).

Eine der frühesten Studien hierzu stammt von Aldrich/Mendkoff (1963). Sie prüften wegen des Schließens eines Pflegeheimes die Folgen des Wohnortwechsels in ein anderes Heim bei 182 Insassen und fanden ein Jahr später eine Sterblichkeitsrate von *32* Prozent bei dieser Gruppe (die meisten Todesfälle ereigneten sich während der ersten drei Monate), wohingegen eine durchschnittliche Sterblichkeitsrate (gemittelt über die letzten 10 Jahre) in der betreffenden Institution bei *19* Prozent lag.

Killian (1970) untersuchte Patienten eines Pflegeheims, die in eine andere Institution verlegt werden mußten im Vergleich zu Kontrollgruppen (bezogen auf Alter, Geschlecht, organische und funktionelle Diagnosen, Länge der Hospitalisierung usw.). In der Gruppe der übersiedelten Personen war die Sterblichkeitsrate signifikant höher als in der Kontrollgruppe, obschon die neue Institution sich von der ersten kaum unterschied.

Eine sehr umfangreiche Studie wurde von Marlowe (1974) durchgeführt. Als das Modeste State Hospital in Kalifornien geschlossen werden mußte, waren von den circa 1100 psychiatrischen Patienten mehr als die Hälfte 65 Jahre alt und älter. Diese älteren Patienten wurden entweder in ein anderes State Hospital oder in gemeindenahe Pflegeeinrichtungen übersiedelt. Nach einem Jahr lag bei diesen übersiedelten Personen die Sterblichkeitsrate signifikant höher (18%) als die für frühere Jahre ermittelte durchschnittliche Rate (9%) und auch höher als die für eine vergleichbare Population nicht übersiedelter alter Menschen (5%). Der Autor hat weiterhin Veränderungen bei den noch lebenden Personen überprüft und sie gruppiert in solche, deren Zustand besser oder schlechter geworden war oder aber unverändert geblieben war. Personmerkmale, wie das frühere Aktivitätsniveau und soziale Fertigkeiten, waren kaum bedeutsame Prädiktoren für eine gute oder schlechte Anpassung. Wesentlich war vielmehr das Ausmaß, in dem sich die zweite Institution von der ersten unterschied: Sofern sie einen Zuwachs an Autonomie und Möglichkeiten der Einflußnahme ermöglichte, gab es dort signifikant häufiger Personen, deren Zustand als „verbessert“ eingeschätzt worden war. Sofern die Übersiedlung mit einem Verlust an Kontrollmöglichkeiten über die Umwelt einhergegangen war, befanden sich diese Personen häufiger in der Gruppe der „verschlechterten“. Auf diesen Aspekt werden wir noch vertiefend einzugehen haben.

Betrachten wir nun einige Studien, in denen der Wohnortwechsel von einem häuslichen Milieu zu einem anderen untersucht wurde. In einem Falle waren Maßnahmen der Altstadtsanierung der Grund für einen Wohnortwechsel bei alten Menschen, und nach einem Jahr verglich man diese mit einer Kontrollgruppe, die keine Umsiedlung hinter sich hatte. Die umgesiedelten alten Menschen hatten im Vergleich zu dieser signifikant niedrigere Werte im Aktivitätsniveau, in einem Index der Lebenszufriedenheit wie auch in allgemeinen Anpassungswerten (Kasteler, Gray/Carruth 1968).

Handelte es sich in dem eben geschilderten Falle um erzwungenen Wohnortwechsel, so untersuchte Carp (1968) freiwilligen Wohnortwechsel: Verglichen wurden ältere Personen, die in ein Apartmenthaus umgezogen waren, mit den Personen der Warteliste für dieses Apartmenthaus. Erstere zeigten höhere Aktivitätswerte und eine bessere soziale Einbindung, während für die Personen der Warteliste nach zwölf Monaten eine deutliche Abnahme an subjektivem Wohlbefinden und sozialer Einbindung vermerkt wurde. Kein Wunder: Der Wohnortwechsel war freiwillig erfolgt und er brachte zudem eine Verbesserung der Wohnumwelt!

Interessant zum Aspekt der Freiwilligkeit ist eine Studie von Kasl (1972), in der ältere Personen, die wegen der Sanierung ihres Wohnviertels gleichfalls in ein Apartmenthaus umgezogen wurden, verglichen wurden mit einer Kontrollgruppe älterer Menschen ohne Wohnortwechsel. Zunächst einmal zeigt sich, daß 63 Prozent der umgesiedelten Menschen die Entscheidung als ihre eigene nachträglich erlebten, obschon sie faktisch keine andere Wahl hatten – auch auf dieses Phänomen werden wir noch zu sprechen kommen müssen. Die umgesiedelte Gruppe zeigte bezüglich des Sozialverhaltens und des Aktivitätsniveaus keine bedeutsamen Differenzen zu der anderen Gruppe, allerdings wies sie deutlich niedrigere Werte in Gesundheitswerten nach einem Jahr auf im Vergleich zu der Kontrollgruppe, ohne daß sich dies allerdings in einer höheren Mortalitätsrate niederschlug.

Betrachten wir nun noch eine Studie, in der es um den Wechsel vom häuslichen Milieu in die Institution geht: Eine der spektakulären Studien stammt von Ferrari (1963), in denen alte Menschen in ein Pflegeheim kamen, wobei eine Gruppe dies freiwillig tat, während die andere keine Alternative zu dieser Institutionalisierung hatte. Drei Monate später zeigte sich, daß in der ersten Gruppe 1 von insgesamt 38 Personen, in der zweiten Gruppe jedoch 16 von 17 Personen verstorben waren!

Wir haben einige dramatische Beispiele herausgegriffen, ohne daß wir hier auf einige methodische Probleme dieser Studien eingegangen sind. Fragen wir eher, welche Interpretationen solcher Befunde man vornehmen könnte.

Bisher haben wir festgehalten, daß Wohnortwechsel und Institutionalisierung in vielen Studien mit einer erhöhten Krankheits- oder Sterblichkeitsrate einhergehen; es gibt gleichwohl Studien, in denen dieser Nachweis nicht geführt werden konnte, und zudem sind auch hier nicht gleichsam naturgesetzliche Mechanismen am Werke. Mit anderen Worten: Wir müssen uns nun der Frage zuwenden, unter welchen Bedingungen Wohnortwechsel und Übersiedlung in ein Alten- oder Pflegeheim in der Tat so negative Folgen besitzen und unter welchen Bedingungen dies nicht der Fall ist.

Die Bedeutung von Person- und Umweltmerkmalen

Nun liegt es ja nahe, sofort eine Erklärung für das Gelingen oder Mißlingen solcher Anpassungsprozesse in den *Personen* selbst zu suchen. So hat man in der Tat mehrfach gefunden, daß zu den Prädiktoren für das Mißlingen von Anpassungsprozessen die Tatsache gehört, daß die Personen bereits vorher körperliche und/oder psychische Auffälligkeiten oder Störungen zeigen (vgl. Lieberman 1975). Allerdings hat man ein Verhaltenssyndrom entdeckt, welches einen recht guten Vorhersagewert für gute Anpassung liefert: Es sind die aggressiven und sich selbst behauptenden, die eher extravertierten alten Menschen und solche, die ein stabiles Selbstbild haben und die Fähigkeit zur Selbstreflexion, die sehr gute Anpassung zeigen und die in der Gruppe der überlebenden und gesunden Personen überzufällig häufig anzutreffen sind (vgl. Lieberman 1975). Wie man sieht, zeigen diese alten Menschen ein Verhaltensmuster, das vermutlich durchaus nicht unserem Stereotyp des passiv hinnehmenden und „fügsamen" alten Menschen entspricht!

Betrachtet man nun andererseits die Merkmale der neuen Institution bzw. den Wechsel von der ersten zur zweiten Wohnumwelt, so findet man sehr häufig, daß solche Aspekte eine wesentlich größere Rolle für die Güte der Anpassung zu spielen scheinen, denn wie auch immer geartete Persönlichkeitsvariablen. Alle Studien verweisen darauf, daß dem Ausmaß der Veränderung zwischen früherer und jetziger Wohnumwelt eine ganz entscheidende Bedeutung beikommt. Es mag nicht überraschen, daß ähnliche

Umwelten mit geringeren Anpassungsproblemen für die alten Menschen einhergehen als unähnliche. Überraschen mag vielleicht die Deutlichkeit, mit der sich dies widerspiegelt: So untersuchten Schulz/Aderman (1973) Krebspatienten in einem späten Krankheitsstadium, die in wesentlichen medizinischen Variablen vergleichbar waren. Die eine Gruppe war von zu Hause in das Krankenhaus gebracht, die andere Gruppe war von einem Krankenhaus in ein anderes Krankenhaus verlegt worden. Letztere hatten also einen Wechsel zwischen „ähnlichen" Umwelten zu bestehen. Die Überlebensdauer in dieser Gruppe war fast zwei Monate länger als in der ersten Gruppe – eine Differenz, die statistische Signifikanz erreicht.

Auch Lieberman (1975) berichtet von Studien an alten Menschen, in denen der Grad der Ähnlichkeit beider Umwelten systematisch in seinem Effekt auf Anpassungsprozesse untersucht wurde. Die höchsten Sterblichkeitsraten fanden sich immer in jenen Studien, in denen der Wohnortwechsel tatsächlich mit einer massiven Veränderung der Wohnumwelt einherging und in der die Verhaltensmöglichkeiten der alten Menschen für die Bewältigung ihrer neuen Umgebung oft nicht mehr allzu tauglich waren. Sieht man dies im Zusammenhang damit, daß in der Tat die Verhaltensflexibilität mit dem Alter abzunehmen scheint und sich durchweg höhere Werte in Fragebogen zur Erfassung von Rigidität erkennen lassen, so mag dieser Befund nicht überraschen.

Betrachtet man nun noch einige Merkmale, die – unabhängig vom Ausmaß der Veränderung – die neue Institution auszeichnen, so fand man in einer Reihe von Studien folgende Variablen als in bedeutsamer Beziehung zur wahrgenommenen Lebensqualität stehend (vgl. Linn 1959): Nähe zum Pflegepersonal, Ausmaß der Ausstattung mit Grünpflanzen sowie die Attraktivität des Essens. Des weiteren soll noch deutlich werden, welch herausragende Rolle es offenbar spielt, inwieweit die neue Umgebung Autonomie und Individuation auf seiten des alten Menschen zuläßt; dies zeigt sich schon, wenn wir uns nun einer differenzierten Betrachtung der *Umstände,* unter denen Wohnortwechsel erfolgt, zuwenden.

Die Bedeutung der Umstände des Wohnortwechsels

Die Vielzahl von Studien, die zu diesem Punkt durchgeführt wurde, läßt sich zunächst durch folgende Hauptergebnisse kennzeichnen: Die Streßbelastung und die negativen Folgen einer Umsiedlung werden wesentlich dadurch bestimmt, wie hoch die subjektiv wahrgenommene oder tatsächlich gegebene *Kontrollierbarkeit* der

Umsiedlung und der einzelnen Ereignisse im Zusammenhang mit der Umsiedlung ist. Gefragt ist also hier, welche Rolle es spielt, ob Personen freiwillig oder unfreiwillig umgesiedelt werden bzw. welche Einflußmöglichkeiten sie sich dabei zuschreiben. Wie es scheint, sind alle Befunde hier eindeutig: Je höher die Kontrolle über das Ereignis, umso weniger problematisch und belastend ist es!

Des weiteren ist von wesentlicher Bedeutung, wie kontrollierbar für die betroffenen Personen die neue Umwelt im Vergleich zu der früheren Umwelt ist, d.h. wie viele Einfluß- und Gestaltungsmöglichkeiten sie bietet, wie „responsiv" sie ist und in welchem Maße sie dem Einzelnen das Gefühl gibt, noch hinreichend Einfluß auf das zu haben, was ihm im Leben widerfährt. Betrachtet man unter diesem Aspekt noch einmal die verschiedenen Studien, so läßt sich durchgehend festhalten, daß die Personen, die freiwillig umgezogen waren (oder zumindest glaubten, daß dies ihre freie Entscheidung sei), in dem Sterblichkeitsrisiko keine Unterschiede zu den diversen Kontrollgruppen aufweisen (Lawton/Yaffe 1970).

Oft ist es aber kaum möglich, daß ein alter Mensch die Einweisung in eine Institution als ein Ereignis sieht, das seiner individuellen Kontrolle unterliegt. In diesen Fällen scheint eine andere Form der Kontrollierbarkeit von Bedeutung, nämlich das Ausmaß, in dem er seine neue

Wohnumwelt vorhersehen und alle damit verbundenen Veränderungen in angemessener Weise antizipieren kann. In einigen Studien wurden bislang Effekte von speziellen Maßnahmen überprüft, mittels derer die alten Menschen auf die Übersiedlung vorbereitet werden sollten.

Zweig/Csank (1975) führten ein großes Vorbereitungsprogramm mit geriatrischen Patienten durch, die in eine neue Institution verlegt werden mußten. Eine Zunahme in der Sterblichkeitsrate in dieser Gruppe, verglichen mit sehr vielen anderen Vergleichsgruppen, konnte nicht festgestellt werden. In einer anderen Studie (Jasnau 1967) wurden zwei Gruppen von alten Menschen verglichen, wobei die eine routinemäßig umgesiedelt worden war, während die andere ein hoch individualisiertes Vorbereitungsprogramm durchlief. Die erste Gruppe hatte nach der Umsiedlung eine erhöhte Sterblichkeitsrate, nicht aber die zweite Gruppe. Schließlich überprüfte Pastalan (vgl. Pastalan 1983) die Wirksamkeit von drei verschiedenen Arten der Vorbereitung, nämlich (a) Besuche in der künftigen Institution, (b) Gruppendiskussionen, bezogen auf den Ortswechsel, und (c) persönliche Beratung und Gespräche zwischen Pflegepersonal und Patienten. Vergleiche mit entsprechend gebildeten Kontrollgruppen zeigten, daß alle drei Typen der Vorbereitung das Mortalitätsrisiko bei den übersiedelten Personen reduzierte – allerdings zeigen sich signifikante Unterschiede nur bezüglich bestimmter Subgruppen. Generell war die *Art* der Vorbereitung von relativ geringer Bedeutung.

Schließlich wurde noch die *Intensität* der Vorbereitung auf die neue Institution variiert mit folgenden Abstufungen: Als „maximale" Vorbereitung galten Besuche in der künftigen Umgebung oder Besuche von dem künftigen Pflegepersonal, als „minimale" Vorbereitung wurden Diapräsentationen der künftigen Wohnumgebung oder allgemeine Diskussionsgruppen eingeführt. Die Mortalitätsrate nach einem Jahr betrug in den beiden Gruppen mit intensiver Vorbereitung 27 Prozent gegenüber 52 Prozent in den Gruppen mit geringer Vorbereitung (hierzu Pastalan 1983).

Maßnahmen zur Förderung der Anpassung an neue Institutionen

In einem letzten Abschnitt soll noch einiges dazu gesagt werden, welche Möglichkeiten es gibt, die Eingliederung in und Anpassung an die neue Institution zu erleichtern, nachdem ein Wohnortwechsel erfolgt ist.

In einer Studie von Schulz/Hanusa (1977) wurden ältere, geistig rege Menschen nach ihrer Umsiedlung in ein Altenheim per Zufall einer von drei Bedingungen zugewiesen: Ein Drittel erhielt eine Einführung in das Altenheim in höchst individualisierter Weise, ein weiteres Drittel erhielt im gleichen zeitlichen Umfang (d.h. mit gleicher Aufmerksamkeitszuwendung) Informationen, die nichts mit dem Altenheim zu tun hatten, das letzte Drittel diente als Kontrollgruppe und erhielt die routinemäßige Einführung in das Altenheim. Nach drei Monaten zeigt die erste Gruppe bezüglich des Aktivitätsniveaus wie auch bezüglich der Fremdbeurteilungen des Gesundheitszustandes signifikant höhere Werte als die beiden anderen Gruppen; bezüglich der wahrgenommenen Lebensqualität und des subjektiven Wohlbefindens waren die beiden ersten Gruppen vergleichbar und unterschieden sich nur von der dritten Gruppe signifikant.

Wurde durch diese Studie also die Rolle der Transparenz der neuen Umwelt betont, so zeigt eine andere Studie (Langer/Rodin 1976) die Bedeutung der Autonomie und Selbstverantwortlichkeit, die man alten Menschen in Institutionen zubilligt. Auch in dieser Studie wurden alte Menschen nach der Einweisung in das Altenheim zwei Gruppen zugewiesen: Die erste Gruppe durfte die bei der Einweisung erhaltenen Grünpflanzen selbst versorgen und erhielt als Einführung in das Altenheim einen Vortrag, in dem der Heimleiter die Autonomie der Bewohner besonders hervorhob und positiv bewertete. Die zweite Gruppe erhielt gleich viele Grünpflanzen; es wurde ihr jedoch gesagt, daß diese vom Pflegepersonal versorgt würden, und auch in dem Einführungsvortrag wurde die Unterstützung durch das Pflegepersonal besonders hervorgehoben. Nach 18 Monaten zeigten sich signifikante Unterschiede zugunsten der ersteren Gruppe im Hinblick auf subjektives Wohlbefinden, Aktivitätsniveau und Gesundheitsstatus! Nicht die Grünpflanzen steigern subjektives Wohlbefinden, sondern die Unterstützung und Förderung der Selbstverantwortlichkeit, die natürlich auch in bezug auf viele andere Bereiche denkbar ist!

Eine weitere Studie befaßte sich gleichfalls mit der Frage, ob und welche spezifischen Wirkungen es hat, wenn man alten Menschen Einflußnahme auf bestimmte alltägliche Dinge zugesteht oder nicht – im Vergleich dazu, ob sie den Ablauf der Dinge lediglich vorhersehen und sich ggfs. darauf einstellen können (Schulz 1976). Bewohner eines Altenheims im Alter zwischen 68 und 96 Jahren nahmen teil an einem „Besuchsprogramm", in dem Studenten in das Altenheim kamen, und sie wurden dabei einer von vier Gruppen zugewiesen: In der ersten Gruppe konnten die Altenheimbewohner Häufigkeit und Dauer der Besuche alleine bestimmen (Kontrollierbarkeit); der zweiten Gruppe wurde mitgeteilt, wann der Besucher kommt, ohne daß sie Einfluß auf Dauer und Zeitpunkt nehmen konnte (Vorhersehbarkeit); die dritte Gruppe erhielt die gleiche Menge an Besuchen ohne Einflußmöglichkeiten oder Vorabinformation (Zufallsgruppe); eine Kontrollgruppe schließlich erhielt keine Besuche der Studenten. Geprüft wurde nun, ob sich diese unterschiedlichen Besucherbedingungen auf das Aktivitätsniveau, den Gesundheitszustand und das subjektive Wohlbefinden auswirken. Es zeigte sich, daß die beiden ersten Gruppen (mit Kontrolle und Vorhersehbarkeit) in allen Kriterien der „Zufallsgruppe" wie auch der Kontrollgruppe überlegen waren. Zwischen der ersten und zweiten Gruppe konnten allerdings keine bedeutsamen Unterschiede festgestellt werden, so daß man zunächst daraus schließen kann, daß die Vorhersehbarkeit der Besuche (oder anderer Ereignisse) alleine schon ausreicht, um positive Wirkungen für die Person zu erzeugen. Mit anderen Worten: Kontrolle über die eigene Umwelt muß also nicht immer darin liegen, daß man alles entscheiden und bestimmen kann, sondern daß man eine transparente und vorhersagbare Umwelt vorfindet – offenbar eine andere Form der Kontrolle!

„Will it hurt less, when I can control it?" – So ist in dem Titel eines amerikanischen Beitrages zu diesem Thema die Frage formuliert – und wir können bislang uneingeschränkt „ja" antworten. Jedoch, die Dinge wären ja auch zu einfach, wenn es nicht doch einen Einwand gäbe. In einer weiteren Studie wurden nämlich die Langzeiteffekte der eben beschriebenen Intervention überprüft (Schulz/Hanusa 1978). 24 und 42 Monate nach Abschluß des Besuchsprogramms fanden erneute Testungen statt und es zeigte sich eine dramatische Abnahme in den Werten für Gesundheitsstatus und für subjektives Wohlbefinden bei den beiden Gruppen, die Kontrollierbarkeit und Vorhersagbarkeit während der Besuchsphase besessen hatten. Diese beiden Gruppen hatten, nachdem der Versuch abgeschlossen worden war, Möglichkeiten der Einflußnahme und Vorhersehbarkeit eingebüßt, die ihnen vorher eingeräumt worden waren, und dies hatte sich nun offenbar ausgewirkt! Eine ähnliche Verschlechterung konnte bei den beiden letztgenannten Gruppen (Zufallsgruppe und Kontrollgruppe) nicht festgestellt werden. Da auch die Zufallsgruppe, die ja auch Besuche erhalten hatte, keine Verschlechterung aufwies, scheint der entscheidende Punkt auch nicht zu sein, daß die alten Menschen nun keine Besuche durch die Studenten mehr erhielten; andernfalls hätte wegen des Verlustes an Sozialkontakt auch in der Zufallsgruppe eine Abnahme im subjektivem Wohlbefinden und anderen Werten erfolgen müssen. Es scheint also, daß die Tatsache, Kontrollmöglichkeiten über die eigene Umwelt einmal besessen zu haben und dann ihrer beraubt worden zu sein, längerfristig schlimmer ist, als keine Kontrollmöglichkeiten gehabt zu haben!

Erinnern wir uns an die obengenannte Studie mit der Selbst- bzw. Fremdversorgung der eigenen Grünpflanzen: Dort hat man den alten Menschen *dauerhafte* Möglichkeiten der Einflußnahme, wenn auch nur bezogen auf Grünpflanzen, eingeräumt; die alten Menschen konnten die Erfahrung machen, daß sie etwas bewirken und für etwas verantwortlich sind. Dies mag positive Rückwirkungen auf ihr Selbstwertgefühl gehabt und sie auch dazu veranlaßt haben, die Ursachen für positive Erfahrungen in ihrem Leben sich selbst zuzuschreiben. In der anderen Studie, in der längerfristig so negative Effekte erzeugt wurden, haben die alten Menschen offenbar sehr schnell erfahren, daß angenehme Ereignisse in ihrem Leben letztlich doch von äußeren, wenig konstanten Faktoren abhängig sind, und deshalb konnten sie auf Dauer wohl davon für sich nicht profitieren.

Es muß hier im übrigen betont werden, daß die Autoren, die diese Untersuchung durchgeführt hatten, in allen nachfolgenden Arbeiten sich sehr ausführlich mit den ethischen Problemen ihrer Untersuchung auseinandergesetzt haben, und sicherlich würde nach den Erkenntnissen, die man aus dieser Studie gezogen hat, heute kein Forscher mehr eine solche Studie durchführen.

Ein letzter Aspekt soll hier nur noch angedeutet werden: Man kann – wie wir gleichfalls aus vielen Belegen wissen – letztlich Person und Institution jeweils nicht getrennt voneinander betrachten. So weiß man, daß alte Menschen, die z. B. ein großes Bedürfnis haben, Einfluß auf ihre Umwelt ausüben zu können, in solchen Institutionen „aufblühen", die dieses Bedürfnis auch befriedigen helfen. Diesen alten Menschen geht es aber dann viel schlechter als anderen in Institutionen, die sich durch ein hohes Maß an Versorgung und Pflege und durch geringe Autonomie der Bewohner auszeichnen. Umgekehrt gilt, daß auf seiten der Person ein nur geringes Bedürfnis der Kontrolle über die Umwelt letztlich eine sehr gute Voraussetzung sein kann, wenn die betreffende Person in Institutionen mit hoher Pflegeintensität ihr Leben verbringen muß (Felton/Kahana 1976). Wir sollten also nicht nur darauf achten, die Institutionen in einer bestimmten Weise zu verändern und zu verbesseren, sondern wir müssen wohl immer auch zugleich auf die „Passung" zwischen den Bedürfnissen alter Menschen und den Möglichkeiten, die ihnen ihre Wohnumwelt bietet, achten. Und dies nötigt uns wohl letztlich immer zu einer sehr differenzierten und individualisierten Analyse der Lebensumstände im hohen Alter.

Die rechte Dosierung

Alle Menschen, die entweder in ihrer täglichen Praxis oder aus der Sicht des Forschers mit Problemen des Alterns und alter Menschen zu tun haben, sind sich wohl darin einig, daß es eines der wichtigsten Ziele ist, Bedingungen für „erfolgreiches Altern" zu erkennen und zu realisieren.

Nun mag es eine große Diskussion darüber geben, was denn in diesem Falle die „Erfolgskriterien" sein könnten, wenn man einmal davon absieht, daß der Erhalt der Gesundheit einen von allen Menschen akzeptierten Wert darstellt. Ungeachtet dessen, scheinen die wesentlichen Bedingungen für erfolgreiches Altern wohl in erster Linie darin zu liegen, daß ein Verlust an Kontrolle über die Umwelt soweit wie möglich vermieden wird und Selbstverständlichkeit und Autonomie des alten Menschen gestützt werden und erhalten bleiben können. Die Bedeutung der Kontrollierbarkeit und Vorhersagbarkeit der eigenen Umwelt für physisches und psychisches Wohlbefinden scheint unbestreitbar durch alle Studien belegt, und solche positiven Effekte findet man nicht nur bei alten Menschen, sondern auch bei vielen anderen Personengruppen: Das Gefühl, dem Schicksal nicht gänzlich ausgeliefert zu sein und noch hinreichend Kontrolle über das eigene Leben zu haben, besitzt z. B. auch bei Patienten mit schweren körperlichen Erkrankungen (z. B. Krebs-, Herzinfarkt- und Dialysepatienten) positive Auswirkungen auf die psychische Verfassung wie auch auf die körperliche Befindlichkeit (zusammenfassend Krantz/Schulz 1980).

Wir wissen weiter, daß Ereignisse (etwa Umsiedlung in Alten- oder Pflegeheime, aber auch andere Ereignisse) umso positiver erlebt werden, je mehr die Person *glaubt*, am Eintritt des Ereignisses beteiligt gewesen zu sein oder auch tatsächlich war. Auch hat man festgestellt, daß die

Toleranz für Schmerzen, für Streßbelastung, für Lärm und andere negative Einflüsse dann zunimmt, wenn die Person die Überzeugung hat, daß sie zumindest teilweise über diese negativen Zustände Kontrolle besitzt, d. h. sie zum Beispiel den Lärm abstellen könnte, wenn sie nur wollte (zusammenfassend Seligman 1979). Dies geht sogar so weit, daß querschnittgelähmte Unfallopfer eine bessere Anpassung an ihre neue Lebenssituation zeigen, wenn sie (unabhängig vom tatsächlichen Hergang) eine Mitverantwortung für das Unfallgeschehen übernahmen, als wenn sie nur eine nach außen gerichtete Schuldzuweisung erkennen ließen (Bulman/Wortman 1977). Kurzum: Wahrgenommene Kontrolle über das Geschehen scheint – oft unabhängig von tatsächlicher Kontrolle – selbst bei sehr negativen Ereignissen eine Bedeutung zu besitzen, die hilft, die eigene Situation anzunehmen.

Wenn wir also aufgrund der Untersuchung ganz unterschiedlicher Bereiche anerkennen müssen, daß die Aufrechterhaltung von Kontrolle über die eigene Umwelt und über das eigene Leben eine wesentliche Möglichkeit darstellt, Wohlbefinden und Gesundheit positiv zu beeinflussen, so müssen wir uns auch der Ambivalenz unserer Hilfeleistung und unseres Verhaltens, mit dem wir alte Menschen umsorgen, bewußt werden. Wir müssen wohl die Grenzen zu erkennen lernen, an denen unsere Hilfe und Unterstützung dem Bedürfnis nach Autonomie und Selbstverantwortlichkeit auf seiten des alten Menschen entgegenstehen. Wir müssen aber auch die Grenzen erkennen, an denen ein zu geringes Maß an Hilfeleistung und Unterstützung durch den alten Menschen als Hinweis verstanden würde, daß er alleine gelassen oder isoliert sei. Es geht also, wie so oft im Leben, um die rechte Dosierung.

Diese Einschätzung hat sich auch im Resümee einer amerikanischen Konferenz zum Thema der Versorgung alter Menschen niedergeschlagen. Man kam dort zu dem Schluß, daß eine sehr umfassende und totale Versorgung alter Menschen fast so schlecht sei, wie wenn man ihnen überhaupt keine Unterstützung gewähren würde. Es gilt also, zwischen diesen beiden Extremen den rechten Weg zu finden!

IV. Zur Psychiatrie des Alterns

von Christian Müller

Die Problematik

Um gleich medias in res zu gehen, möchte ich als erstes ein Zitat vorlegen, dessen Autor zwar nicht zu den Großen der Psychiatrie gehört, wohl aber in anderem Rahmen sich einen internationalen Namen geschaffen hat. Ich werde diesen Namen später verraten. Er schreibt:

In bezug auf die Stellung der senilen Psychosen wird uns aus der ersten unklaren Frage: „Ist diese oder jene Erkrankung spezifisch für dieses oder jenes Lebensalter?" die vorsichtigere, präzisere, „Findet sich eine Erkrankung nur oder vorzugsweise im Senium?" Nachzuforschen bleibt da: „Begünstigen und in welcher Weise die näheren Umstände des Seniums diese Psychose? Läßt sie sich wirklich nicht als Ablauf einer Erkrankung sonstiger Lebensalter deuten?" Man spricht zunächst mit demselben Rechte von „senilen Psychosen wie früher von Haft- und Puerperalpsychosen (Wochenbettpsychosen, C.M.). In dem Namen Altersschwachsinn steckt noch derselbe nosologische Irrtum wie in Jugendirrsein; auch die Einheitlichkeit der unter „Altersschwachsinn" zusammen gefaßten Störungen ist mindestens zweifelhaft. Viel zu scharf mindestens ist die Wendung Kräpelins, der schon jetzt als Irresein des Rückbildungsalters alle diejenigen Geistesstörungen zusammenfassen will, die in ursächlichen Beziehungen zu den allgemeinen Altersveränderungen stehen: uns ist von der „ursächlichen" wesentlichen Wirkung eines physiologischen Vorgangs auf die Genese einer Krankheit nichts bekannt: man wird bei einer Schenkelfraktur die senile Knochenbrüchigkeit berücksichtigen, ohne bestreiten zu dürfen, daß das Trauma und die Kontinuitätszerstörung des Knochens noch immer das Wesentliche ist. – Folgende Typen erschöpfen unseres Erachtens die möglichen Beziehungen zwischen Senium und Psychose: Erkrankungen im Senium, die völlig ohne die senil genannten Komplikationen und Modifikationen verlaufen, dann solche mit vielen der problematischen senilen Züge, schließlich solche Erkrankungen, die man eben darum senil nennt, weil man sie sonst in keinem andern Lebensalter findet, resp. dort ihre Analogie nicht erkennt. Die Bemühung geht darauf aus, ebenso wie bei den Erkrankungen der Jugend und des mittleren Alters, bei denen des Greisenalters im eigentlichen Krankheitsbild den Altersfaktor abzuscheiden, immerhin aber die eventuelle ätiologische Valenz dieses Faktors herauszustellen, auch zu fragen, ob nicht hier ein Krankheitskonvolut, eine Superposition von Krankheiten vorliegt, die wir teilweise noch nicht trennen können.

Der Autor dieses 1910 geschriebenen Abschnittes ist Alfred Döblin, der bekannte Verfasser des Romans „Berlin Alexanderplatz", der in seinen frühen Jahren als Psychiater tätig war.

Erstaunlich wie bereits in diesem Text die Problematik aufschimmert, die uns heute noch beschäftigt, die Frage nämlich ob die psychischen Störungen des Alters als eigenständige Krankheitseinheiten zu betrachten seien oder nicht. Oder, mit andern Worten, ob es fließende Übergänge gebe zwischen einem gewissermaßen normalen Altern und einem pathologischen. Ausgehend von meinen eigenen Erfahrungen und anhand der Literatur möchte ich zunächst einige Betrachtungen zu den psychiatrischen Befunden im Alter vorlegen, dann etwas näher auf das organische Psychosyndrom eingehen und schließlich ein Wort über die Therapie im Alter hinzufügen.

Psychiatrische Befunde im Alter

Wie wir heute alle wissen, ist die Psychopathologie des Alters nicht ausschließlich unter dem Blickwinkel einer Funktionsstörung des Gehirns zu sehen. Wir treffen unter unsern alten Patienten Menschen, die völlig intakte intellektuelle Funktionen haben, hingegen an einer mehr oder weniger schweren Depression leiden, die nur zu oft mit der psychologischen Situation des Alterns zusammenhängt. Es geht hier um die Problematik des Verlustes, des Opferbringens, des unfreiwilligen Wandels. Der alte Mensch wird durch Pensionierung, Wohnungswechsel, Verlust des Gehabten aus seinem gewohnten Rahmen herausgerissen, und seine psychischen Kräfte reichen nicht mehr aus, um diese Verluste zu kompensieren. Wir finden auch gelegentlich beim alten Menschen, wenn auch selten, ein Neuauftauchen neurotischer Probleme. Dagegen werden wir erstaunlicherweise kaum je einen Alkoholismus oder eine Sucht im echten Sinne entdecken, die erst im Alter auftritt. Diese Depressionen im Alter sowie auch die Neurosen sind nun aber nicht ausschließlich durch das Altwerden determiniert, sondern durch das Altern in ihrer Ausprägung gefärbt sowie durch die psychologische Situation gefördert.

Freilich kennen wir auch vorbestehende psychische Erkrankungen, die sich in irgendeiner Form bis ins Alter hinein fortsetzen. Wir haben jahrelang in Lausanne ein Forschungsprogramm durchgeführt, das zum Ziel hatte zu beobachten, welche Auswirkungen das Alter auf vorbestehende psychische Erkrankungen hätte. So haben wir systematisch Schizophrene, Depressive, Maniker, Epileptiker, Unfallgeschädigte, Neurosen und Psychopathien bis ins hohe Alter verfolgt. Ganz kurz können unsere Befunde folgendermaßen zusammengefaßt werden:

Das Alter hat auf diese vorbestehenden psychischen Erkrankungen im allgemeinen einen eher mildernden Einfluß. Bestimmte Depressionen verlaufen flacher; schizophrene Wahnkranke können ihren Wahn besser abkapseln, sind besser an die Umgebung angepaßt; Hysteriker verlieren das Theatralische und Dramatische ihrer Symptomatologie, wenn auch die Charaktereigenheiten dieselben bleiben.

Psycho-organische Störungen

Alle diese erwähnten Störungen, die wir als nicht organisch zusammenfassen können, bilden einen epidemologisch gesehen wichtigen Anteil an psychischen Veränderungen im Alter. Wenden wir uns nun aber den psychischen Störungen zu, die infolge hirnorganischer Veränderungen auftreten können. Darunter verstehen wir Störungen des Gedächtnisses, der Orientierung, Sprach-, Handlungs- und Wahrnehmungsstörungen, Aufmerksamkeitsstörungen, Konzentrationsschwäche, Schwäche der Synthese und der Antizipation, Schwäche in der konzeptuellen Organisation. Kurz, es handelt sich um recht heterogene Phänomene, so als ob die fortschreitende zerebrale Erkrankung dem Zufall folgen würde.

Trotzdem gibt es einen symptomatologischen Zusammenhang, der zwei Wegen folgt. Der eine ist derjenige der Naturgeschichte der Krankheit; so können sich den anfänglichen Erinnerungsstörungen der senilen Demenz (Altersschwachsinn) allmählich Sprach-, Handlungs- und Wahrnehmungsstörungen beigesellen. Der andere Weg ist derjenige der Hierarchie der Funktionen z. B.: eine gestörte Wachheit auf der Grundlage eines Flüssigkeitsmangels oder eines Nierenversagens verringert die Möglichkeiten der Orientierung, der Analyse und der Synthese.

Wie steht es nun aber mit der Beziehung zwischen dem normalen Altern des Gehirns und der Demenz? Eine echte Kontinuität ist nicht gesichert. Immerhin wissen wir heute, daß man degenerative anatomische Veränderungen wie bei der senilen Demenz im Gehirn von verstorbenen alten Menschen findet, die keine psychischen Störungen aufgewiesen haben. Bei der senilen Demenz sind diese Veränderungen, die „senilen Plaques" sehr viel häufiger. Wie steht es mit dem Verlust an Nervenzellen und Nervenfasern, den sog. „Neuronen"? Mit modernen Methoden konnte nachgewiesen werden, daß jede Hirnregion ihr eigenes Muster aufweist, wenn z. B. das Frontalhirn an Volumen verliert und die Zahl der Neuronen abnimmt, während in den Gebieten, die die unwillkürliche Motorik steuern, die Zahl der Neuronen gleichbleibt.

Eines der Hauptphänomene des alternden Gehirns scheint die Verarmung an zuführenden Nervenfasern zu sein, eine Verringerung der Synapsen, d. h. der Übertragungsstellen der Nervenreize. Die chemischen Übermittler der Nervenreizleitung finden sich in geringerem Maß, aber dennoch bleibt die Frage offen, ob es sich um ein post hoc oder propter hoc handle. Sir Martin Roth meint, daß frühere hirnorganische Schädigungen einen Einfluß auf den Haushalt der Neuronen im Alter haben könnte.

Wie wir wissen, hängen die intellektuellen Funktionen gerade im Alter auch von der Qualität der Sinnswahrnehmung ab. Durch die Reizung von Auge, Ohr, Geruchs-, Geschmacks- oder Tastsinn erfaßt der Mensch seine Situation. Ist nun eines dieser Sinneszentren gestört, dann entsteht das Risiko, daß die Wahrnehmung insgesamt leidet und es zu einer Verarmung der Information oder auch zu ihrer Deformation kommt.

Zu den psychischen Veränderungen, die infolge hirnorganischer Schädigungen auftreten können, gehören nun freilich auch die krankhaften Veränderungen im Gefühlsleben. Sowohl in der senilen Demenz als auch bei der Alzheimerschen Erkrankung kann es geschehen, daß der Beginn der Störung vom Patienten selber schmerzlich erlebt wird und erst später sich eine fehlende Krankheitseinsicht einstellt, wobei die Stimmung teils indifferent, teils depressiv, teils hypoman, d. h. übersteigert scheinen kann. Für die Praxis ist nun aber doch wichtig, die verschiedenen Schweregrade des psychoorganischen Syndroms zu unterscheiden. Halten wir nochmals fest: Das psychoorganische Syndrom besteht aus Orientierungsstörungen, Merkfähigkeitsabnahme Gedankenarmut, ständigem Wiederholen gleicher Gedanken, Konzentrationsschwäche, Beeinträchtigung der Auffassungsgabe, Urteilsschwäche, starken Gefühlsschwankungen und fehlender Gefühlskontrolle. Es hat sich als praktisch erwiesen, drei Schweregrade zu unterscheiden.

Wir sprechen von leichtem psychoorganischem Syndrom, wenn die Frischgedächtnisstörung dominierend ist. In den Aktivitäten des täglichen Lebens, wie Ernährung, Körperpflege, Ausscheidung, Kommunikation, Planung sowie Strukturierung und Durchführung des Tagesablaufes besteht eine vollständige Selbständigkeit.

Das mittelschwere psychoorganische Syndrom wird so beschrieben: Dominierend ist die Frischgedächtnisstörung sowie die Abnahme der Merk- und Konzentrationsfähigkeit mit daraus folgenden zeitweisen Orientierungsstörungen. In den Aktivitäten des täglichen Lebens sind zeitweise punktuelle Hilfen von außen nötig.

Das schwere organische Psychosyndrom wird so charakterisiert: Dominierend sind schwere Frisch- und Altgedächtnisstörung, schwere Merkfähigkeitsbeeinträchtigung, permanente Orientierungsstörung, Gedankenarmut und ständige Wiederholung gleicher Gedanken. In den Aktivitäten des täglichen Lebens ist eine dauernde Hilfe notwendig, es bestehen Handlungs-, Wahrnehmungs- und Sprachstörungen.

Von Demenz sprechen wir dann, wenn ein mittelschweres bis schweres psychoorganisches Syndrom vorliegt.

Psychotherapie im Alter

Wenden wir uns nun noch den therapeutischen Aspekten zu: Depressionen im Alter werden wir wie bei Patienten jüngerer Jahrgänge mit Medikamenten, psychotherapeutisch und soziotherapeutisch behandeln. Zur Behandlung mit Medikamenten hier nur die Bemerkung, daß in der Regel mit sehr viel niedrigeren Dosen auszukommen ist als bei jüngeren Menschen. Bei uns hat sich die Faustregel bewährt, daß wir etwa ein Drittel der Dosen geben. Vorsicht ist geboten bei der Anwendung von Beruhigungsmitteln, den Tranquilizern in Form von Benzodiazepinen. Nicht nur bei alten, sondern auch bei jüngeren Menschen haben wir festgestellt, daß es zu Abhängigkeit kommen kann und daß bei einem Entzug schwere krankhaft psychische Erscheinungen auftreten können.

Da ich mich indessen nicht in erster Linie als Psychopharmakologe, sondern als Psychotherapeut fühle, möchte ich diesem letzten Aspekt noch einige Gedanken widmen.

Vieles wird davon abhängen, ob wir unter Psychotherapie in erster Linie eine Methode oder aber vielmehr eine Haltung verstehen. Gegen eine methodische Anwendung von Psychotherapie im Alter hat es schon seit jeher Einwände gegeben, und es ist nicht ohne Interesse, sie hier nochmals betrachtend aufzuzählen.

Ist psychiatrische Hilfe möglich?

Man hat lange einer systematischen Psychotherapie vor allem aufdeckenden Charakters im Alter ähnlich skeptische Vorbehalte gemacht wie ihrer Anwendung bei schweren Psychosen, beispielsweise der Schizophrenie. Quieta non movere, war die Parole. Man betrachtete es nicht nur als sinnlos, sondern geradezu als gefährlich, bei einem Schizophrenen, aber auch bei einem alten Menschen grübelnd in die Bereiche alter Konflikte vordringen zu wollen. Das Neuaufrollen alter Probleme, das Sich-in-Frage-stellen-lassen wurde als grausames Spiel gebrandmarkt, ja als Kunstfehler bezeichnet.

Man berief sich auf Freud, der davor gewarnt hatte, daß man neurotisches Leid in soziale Not verwandle.

Diesen Einwänden gesellten sich andere hinzu, die folgendermaßen charakterisiert werden können: Der alte Mensch kann sich nicht mehr wandeln, hat die Kraft, schöpferisch zu einem neuen Gleichgewicht zu kommen, nicht mehr. Seine Rigidität, seine mangelnde Plastizität werden ihn immer wieder daran hindern, eine innere Problematik fruchtbar bearbeiten und lösen zu können. Damit ist ein Thema angeschlagen, das mir bedeutend wichtiger ist als das erste und dem etwas eingehender zuzuwenden sich lohnt.

Wenn es wahr ist, daß diese altersbedingte Rigidität ein Hindernis sein soll, dann muß sogleich gefragt werden, im Hinblick auf was? Nun wohl vor allem im Hinblick auf eine Deutungsarbeit, denn Deutung als psychotherapeutischer Vorgang ist ja gekoppelt mit der Voraussetzung der Fähigkeit zur Einsicht. Die Einsichtsfähigkeit ist im Alter durch die beschriebene Rigidität herabgesetzt. Damit ist vor allem die hirnorganisch bedingte Rigidität anvisiert. Andere Autoren, die sich vor allem dem defensiven Charakter der Rigidität zuwenden, sind der Meinung, daß diese wie jeder andere Widerstand bearbeitet und fruchtbringend gewandelt werden könne. Das würde also bedeuten, daß die Rigidität nicht immer und in jedem Fall ein unüberwindliches Hindernis zu sein braucht.

Grotjahn geht noch weiter: Er meint, daß die Fähigkeit zur Einsicht, d. h. zur positiven Verarbeitung einer Deutung im Alter sogar erhöht sein könne.

In der Tat stoßen wir hier auf ein Element, das für die Chancen einer Psychotherapie im Alter spricht. Manchmal habe ich es erlebt, daß im Alter eine größere Bereitschaft zur kritischen

Selbstreflektion vorhanden ist als in früheren Jahren. Der ältere Mensch wird besinnlich, seine Tendenz zur Introversion verstärkt sich und somit auch gelegentlich seine Bereitschaft, Probleme von einer übergeordneten Warte aus zu betrachten. Man kann auch mit Karasu und Bourgeois vermuten, daß die Anforderungen der Realität, die früher das narzißtische Gleichgewicht bedroht haben, nun besser angenommen werden können oder daß die Widerstände sekundär einer Einsicht Platz machen könnten, ganz einfach weil der Tod immer näherrückt und es nun allmählich höchste Zeit geworden ist, mit sich selbst ins Reine zu kommen. Nicht selten analysiert der alte Mensch seine Vergangenheit und sein Leben spontan, er zieht Bilanz, und so kann es denn ganz natürlich geschehen, daß im Rahmen einer psychotherapeutischen Begegnung diese spontane Bereitschaft zur Selbstanalyse unterstützt und gefördert wird.

Psychotherapie als zwischenmenschliches Geschehen

Schutz der narzißtischen Bedürfnisse muß also für den Psychotherapeuten ein Hauptanliegen sein. Dem steht nun aber entgegen, daß im jüngeren Psychotherapeuten ebenfalls die narzißtische Sphäre berührt wird. Mit Levin können wir folgende Reaktionen des Therapeuten beobachten:

1. Der alte Mensch weckt im Therapeuten Ängste bezüglich des Altwerdens. Diese Ängste können natürlicherweise zur Folge haben, daß der Therapeut aus narzißtischen Gründen auf eine Therapie verzichtet.

2. Der alte Mensch weckt im jüngeren Therapeuten Reminiszenzen, die sich auf dessen eigene Konflikte mit der Elterngeneration beziehen. Da er diese Konfrontation mit seiner eigenen Elternproblematik nicht erträgt, weicht er einer Behandlung aus.

3. Die Auffassung des Therapeuten, alte Menschen seien einer Therapie nicht zugänglich, man könne nichts für sie tun, da sie an einem senilen Abbauprozeß litten, führt ebenfalls oft zu einer narzißtischen Kränkung des Therapeuten.

4. Der Therapeut kann im Glauben leben, seine theoretischen Kenntnisse der Psychotherapie und seine Fähigkeiten würden nicht zweckmäßig eingesetzt, da der Patient ja ohnehin nahe an der Schwelle des Todes stehe. Auch da kann es zu einem narzißtischen Konflikt im Therapeuten kommen.

5. Es kann die unterschwellige Angst vorhanden sein, der Patient könne vor dem Abschluß der Behandlung sterben, was wiederum vom Therapeuten als ein Versagen und eine Kränkung empfunden würde.

6. Er kann das abschätzige Urteil von Kollegen fürchten, die ihn davon abhalten wollen, alte

Menschen zu behandeln, was in ihren Augen sinnlos ist.

Konsequenzen

Was sind die Konsequenzen für das therapeutische Vorgehen, die aus dem eben Gesagten gezogen werden müssen?

Wir können hier wiederum Karasu und Bourgeois folgen und resumieren:

1. Wichtig ist vor allem, was diese Autoren „das empathische Verständnis" genannt haben. Hier geht es vor allem um die eingehende und verständnisvolle Benützung des biographischen Materials, das ja bei alten Menschen oft sehr reichhaltig sein kann. Im Gegensatz zu Freud, der in der unendlichen Reichhaltigkeit der lebenslang aufgehäuften Erlebnisse und Erfahrungen ein Hindernis sah, glaube ich, daß gerade diese Reichhaltigkeit ein wichtiges Konstituens der empathischen Haltung des Therapeuten sein kann. Der alte Patient ist kein unbeschriebenes Blatt. Es können im Gespräch Beispiele aus ganz entfernten Lebensepochen als Belege für fehlgesteuertes neurotisches Verhalten beigezogen werden. Wiederholungsmechanismen sind dem alten Menschen aufgrund seiner langen Erfahrung oft leichter bewußt als dem jüngeren.

2. Karasu und Bourgeois betonen als zweites die größere Direktheit und Aktivität des Thera-

peuten. Unter Berücksichtigung des aktuellen Lebenskontextes wird der Therapeut hilfreich eingreifen und wird es nicht vermeiden, Probleme des Milieus, der ökonomischen Verhältnisse, des körperlichen Gesundheitszustandes miteinzubeziehen.

3. Es wird sich häufiger als bei jüngeren Menschen um zeitlich limitierte Behandlungen handeln, verbunden mit einer gezielten Hinwendung auf bestimmte existentielle Bereiche. Damit geraten wir selbstverständlich in die unmittelbare Nähe dessen, was heute als Kurztherapie resp. Fokaltherapie bezeichnet wird. Nicht mehr um eine Umstrukturierung der Persönlichkeit wird es gehen, sondern um eine Hilfe zur positiven Resignation.

4. In diesen Therapien wird der Therapeut – was bei jüngeren Patienten verpönt wäre – symbolisch und realiter zum Schenkenden, d. h. er wird versuchen, aktiv die im alten Menschen angesammelte Verlustbilanz zu korrigieren und zu kompensieren.

In einem kurzen Überblick habe ich versucht, Ihnen das darzustellen, was mir in der Psychiatrie der alten Menschen wesentlich erscheint. Die Alterspsychiatrie wird mehr und mehr zum selbständigen Fach, und dies ganz einfach aus dem Grunde, daß in unseren psychiatrischen Institutionen, sowohl in Kliniken als auch außerhalb, bis zu 40 % Menschen auftauchen, die über

60jährig sind. Das Anschwellen der psychischen Krankheiten im Alter muß zu einem Umdenken auch in der Psychiatrie führen. Für den Praktiker wird sich mehr und mehr die Frage stellen, bis wohin er selber gehen kann und von welchem Punkte an er einen psychisch gestörten alten Menschen in fachärztliche Behandlung überweisen soll.

V. Goldener Herbst und Graue Panther – Selbsthilfe in der Altenarbeit

von Peter Zeman

Immer wieder trifft man auf die Vorstellung, Altenselbsthilfe stünde in einem scharfen Kontrast zur Altenarbeit. Wenn in Schlagzeilen vom „Aufbruch der Alten" die Rede ist, dann klingt dies so, als existiere in der Bundesrepublik eine „Altenbewegung", die sich von den Zielen, Praktiken und Institutionen der herkömmlichen Altenpolitik und Altenarbeit abzusetzen versuche. Doch dieses Bild – welches durch die Berichterstattung der Medien gefördert wird – stimmt mit der Wirklichkeit nur in wenigen Zügen überein.

Organisierte Selbsthilfe im Alter findet relativ geringen Zulauf und insbesondere in ihren gezielt politischen und antiinstitutionellen Spielarten ist sie von großer Seltenheit. Jene Gruppen, in denen sich alte Menschen zur gemeinsamen Lösung von Alltagsproblemen und zur Artikulation gesellschaftlicher Probleme zusammengefunden haben, zeigen wenig Interesse, sich zu einer sozialen Gesamtbewegung zu formieren. Die Altenselbsthilfegruppen und -organisationen sind in ihrem Selbstverständnis, ihren Tätigkeiten und Zielen in der Regel stark auf sich selbst konzentriert, sie sehen nur selten Veranlassung, untereinander Kontakte aufzunehmen und sie lehnen die Inhalte und Ausdrucksformen des Engagements, welches sie bei anderen Gruppen wahrnehmen, häufig genug entschieden ab.

Ausgehend von einigen typischen Äußerungen, wollen wir das Spektrum der Altenselbsthilfegruppen in seinen Unterschieden und Gemeinsamkeiten skizzieren und versuchen, einige Verbindungslinien zur traditionellen Altenarbeit aufzuzeigen.

Das Gefühl, allein zu sein, schwindet in der Gemeinschaft

„Was wir machen, ist völlig unspektakulär, ein Zusammenfinden von Rentnern und Pensionären, die vielleicht nicht einmal die gleichen Interessen haben, die eben nur für ein paar Stunden Gesprächspartner finden möchten. Oder nur 'ne Unterhaltung, oder überhaupt die Grundlage finden, eventuell auch noch 'ne Freundschaft zu knüpfen. (...) Und das Gefühl völlig allein zu sein, das schwindet. Man weiß, aha, wenn mit mir mal irgendwas ist, hab' ich immer die Möglichkeit, den und den anzurufen. Oder wenn die mich nicht sehen, die kümmern sich ... Und das ist, ich möchte sagen, schon 'ne Selbsthilfe – aber es ist auch 'ne reine Menschlichkeit. (...) Gerade bei älteren Menschen hängt doch sehr viel am

Gespräch. Das gibt doch eine Verbundenheit und hebt dieses Verlassensein, dieses Gefühl erstmal auf. Da sind sehr viele, die dann mal erzählen – auch vom Leben in ihrer Familie, und das ist wirklich manchmal sehr interessant. Und manche haben ja auch Nöte, dann sagt der andere: ‚Ach, mir geht es genauso!' und ‚Ich hab' das dann so und so gemacht', so daß man sich da doch manche Hilfe gibt."

Breitesten Raum unter den Selbsthilfegruppen nehmen jene ein, in denen Geselligkeit, Unterhaltung und Freizeitgestaltung im Mittelpunkt stehen.

Das alltägliche Gespräch erweist sich dabei als eine Aktivität von großer Bedeutung für die Teilnehmer. Es entsteht in dieser Form der Kommunikation kein Zwang, sich mit Problemen auseinandersetzen zu müssen, die man vielleicht lieber vergessen möchte. Ganz nach Belieben kann das Gespräch „tiefer" oder oberflächlicher, persönlicher oder unpersönlicher werden. Der Leistungsdruck ist dabei relativ gering, Spielregeln werden unter den Beteiligten situativ und selbstbestimmt ausgehandelt – falls nicht sowieso auf Routinen des reibungslosen Umgangs miteinander zurückgegriffen werden kann. Vermutlich ist diese Art des Miteinander-Sprechens (die wir ja auch in den oft als „Cliquen" diffamierten Klein- und Tischgruppen in Altentagesstätten beobachten können) so beliebt, da sie einen Puffer zu schmerzlichen und belastenden Erfahrungen innerhalb und außerhalb der Gruppe schaffen kann.

Auch gezieltere Aktivitäten werden immer vom Alltagsgepräch, vom „smalltalk" und „Klönschnack" umrankt, und manchesmal werden Leistungsanforderungen dadurch entschärft. In den Augen ihrer Mitglieder dürfte die Attraktivität von Altenselbsthilfegruppen unter anderem dadurch verstärkt werden, daß ihr Bedürfnis nach zwanglosem Gespräch nicht durch Aktivierungs- und Betreuungsversuche von professionellen oder ehrenamtlichen Helfern durchkreuzt werden kann, die womöglich eine Rangliste der wertvollen und weniger wertvollen Aktivitäten im Kopf haben, an deren unterem Ende nun einmal „Klatschen" und „Kartenspielen" stehen.

Kartenspielen – ganz groß, in jeder Weise

„Unsere Tätigkeit ist eben das Zusammentreffen, Gespräche führen – Kartenspielen ganz groß, in jeder Weise, ob das Rommee oder Kanasta oder sonstwas ist. Und dann machen wir Diavorträge, jeder einzelne, der etwas erlebt hat. Wir kommen nun gerade von einer Reise in die Norwegischen Fjorde zurück, und ich habe einige Filme gedreht, wenn die nun vorführenswert sind, wird das auch wieder einen Nachmittag füllen. Wir machen auch Ausflüge; jetzt in der vergangenen Woche haben wir erst 'ne Fahrt gemacht. Wir machen auch einmal im Jahr bei der ‚langen Theke' mit, das ist ein Basar, der zieht sich über die gesamte Hauptstraße der Stadt, und alle Vereine machen da mit und haben ihren Stand dort, und wir basteln alle möglichen Dinge, Handarbeiten und kunstgewerbliche Dinge, und die bieten wir dann auch feil, und wir hatten einen sehr schönen Erlös zur Aufbesserung unserer Kasse. So wurde auch die Fahrt in die Schweiz jetzt für jedes Mitglied sehr günstig gestaltet, so daß sich jeder diesen Ausflug erlauben konnte..."

Viele Aktivitäten von Altenselbsthilfegruppen entsprechen jenen, die in Klubs der offenen Altenhilfe angeboten werden: Hobbypflege, Basteln und Werken, Vorträge, Musizieren, Dias betrachten, Tanzen, Kegeln, Schwimmen, Ausflüge machen, Feste veranstalten usw.

Ähnlich wie in vielen Einrichtungen der Altenhilfe werden auch in den Altenselbsthilfegruppen solche Veranstaltungen von einigen eher passiv konsumiert, von anderen hingegen mit großem Engagement vorbereitet und durchgeführt. In den Selbsthilfegruppen sind dies meist ebenfalls ältere Menschen, die dadurch einerseits den anderen Anregung und Abwechslung bringen und andererseits für sich selbst sinnvolle Aufgaben gefunden haben.

Solche Aktivisten, die dem Kreis der anderen

entstammen, erleben wir jedoch auch im Bereich der ehrenamtlichen Altenhilfe. Die mit der Selbsthilfe stärker gegebenen Möglichkeiten autonomer Planung und Organisation können einen Zuwachs an Sinn, Perspektive, sozialem Ansehen und Einfluß innerhalb der Gruppe mit sich bringen.

Ob sich mehr als eine traditionelle Klubarbeit nach dem Betreuungskonzept entwickelt, hängt dabei von der Motivation und Fähigkeit der „sozialen Aktivisten" ab, auch zurückhaltendere Mitglieder auf dieser Ebene einzubeziehen.

Die soziale Integration, die in Altenselbsthilfegruppen stattfindet, kann über den Rahmen der Gruppe hinausreichen, wenn Verknüpfungen des Gruppenlebens mit dem privaten Alltag und dem sozialen Umfeld hergestellt werden.

Häufig bilden sich auf der Basis gemeinsamer Freizeitgestaltung Formen privateren Kontaktes und wechselseitiger Hilfe heraus. Telefonketten entstehen, Gänge zur Behörde und zum Arzt werden begleitet, Kranke werden besucht, Mahlzeiten werden gemeinsam eingenommen.

Ein Weihnachtsbasar z. B. hat eine ganze Reihe nützlicher Funktionen für das Gruppenleben: er gibt den Mitgliedern die Möglichkeit, für die Gemeinschaft eine produktive Leistung zu erbringen, die sich nicht zuletzt im Erlös widerspiegelt; er stellt aber auch eine Gemeinschaftsleistung der Gruppe dar, mit der sich ihre Mitglieder identifizieren können und stärkt damit das Zusammengehörigkeitsgefühl; schließlich eröffnet er Kontaktmöglichkeiten zu den Käufern, aber auch – wie in unserem Beispiel – zu anderen am Basar beteiligten Gruppen.

Im Spektrum der gemeinschaftlichen Altenselbsthilfe sind die Übergänge zu weiteren, deutlicher aufgabenbezogenen Tätigkeiten (auch außerhalb der eigenen Gruppe und für das kommunale Gemeinwohl) fließend. So finden wir z. B. die Organisation von Theater- und Einkaufsfahrten (manchmal zum Ausgleich mangelhafter Verkehrsverbindungen), den Arbeitseinsatz zur Verbesserung der räumlichen Umwelt (Waldwege instand setzen, Parkbänke aufstellen, Anlagen pflegen), die Bereitstellung sozialer Dienste und Hilfsangebote (Heimpatenschaften, Hausbesuche, Beratungen, Handwerker-Hilfsdienste) und das Engagement im Kultur- und Bildungsbereich (Seniorenorchester, selbstgestaltete Zeitschriften, Altenakademien und selbstorganisierte Seniorenvolkshochschulen).

Alle diese Entwicklungsmöglichkeiten bestehen grundsätzlich ebenso in den Einrichtungen der offenen Altenhilfe, aber sie werden dort seltener realisiert. Dies mag zum Teil an den Vorgaben der Trägerorganisationen liegen, wenn sie

– einen zu restriktiven Rahmen bilden, um Entfaltungsspielräume zuzulassen;
– den unmittelbaren Bedürfnissen der Betroffenen zuwiderlaufen;
– die Nutzer sowie die ehrenamtlichen oder pro-

fessionellen Betreuer von der Notwendigkeit der Entwicklung eigener Leitziele aus der Situation vor Ort entbinden.

In Selbsthilfegruppen hingegen müssen die Bestimmung der Organisationsziele und die Schaffung der Rahmenbedingungen immer in den Aktivitätsbereich der Mitglieder einbezogen sein. Hierin liegt ein wesentliches Unterscheidungsmerkmal zwischen Altenselbsthilfe und Altenarbeit. Jede Art der gemeinschaftlichen Selbsthilfe gewinnt dadurch nämlich eine zusätzliche Dimension, in der neue Aufgaben, Funktionen und Rollen entstehen. (Siehe dazu: P. Zeman 1985). Darüber hinaus hat die selbstbestimmte Gestaltung von Räumen einen Eigenwert, der mit dem Stichwort „Entwicklung territorialer Identität" gekennzeichnet werden kann: territoriale Identität, die sich in dem Gefühl äußert, „zu Hause zu sein" und „eine Heimat zu haben" (vgl. H. Stenger 1983).

Anderen helfen, das ist die beste Selbsthilfe

„Wir wollen eben im Gegensatz zu dem Seniorenklub, der ja wirklich sicher sehr nötig ist, ein Verein sein, der nicht nur für Unterhaltung sorgt, sondern der hilft, wo man sich nicht nur mit sich selbst beschäftigt. (...) Wir haben bei diesem Essen auf Rädern jetzt vom ersten Tag an eine Frau gehabt, die ist jetzt 86, die Multiple

Sklerose hat. Die arbeitet mit Lederbändern um die Handgelenke und an zwei Krücken und die sagt, durch diese Arbeit ist sie überhaupt wieder zu sich gekommen. Die fährt im Rollstuhl, geht an Krücken und arbeitet von morgens um 10 bis um 12, halb 1, jeden Tag bei Essen auf Rädern. Das ist doch unglaublich, daß eine solche Aufgabe einen Menschen so erfassen kann, daß er zu dieser Leistung fähig ist, nicht? Und das freut uns immer ganz besonders, wenn solche Menschen, die früher nur rumgesessen haben und gedacht haben, nun ist ... nichts mehr, durch diese Arbeit, durch unsere Arbeit, durch unser Anfassen, so geworden sind, daß sie sich sagen: das ist nun mein Lebensinhalt, das mache ich nun weiter, solange ich irgendwie kann."

Eine besondere Spielart der gemeinschaftlichen Altenselbsthilfe treffen wir in jenen Gruppen an, die sich der „altruistischen" Selbsthilfe widmen und sich dadurch ein Tätigkeitsfeld für ihr soziales Engagement und ihre Bereitschaft zur Verantwortung gegenüber anderen Menschen eröffnen.

Die Hilfeleistung für Gleichaltrige und Ältere ist ein Mittel, um sich selbst indirekt eine altersbezogene Hilfe zu verschaffen. Das Gefühl, von anderen gebraucht zu werden, verleiht dem eigenen Leben Sinn und Inhalt. Treffend zugespitzt hat Marie von Ebner-Eschenbach dies ausgedrückt: „Die Menschen, denen wir eine Stütze sind, geben uns den Halt im Leben."

Altruistische Selbsthilfe ist nur schwer von ehrenamtlicher Tätigkeit in den Wohlfahrtsverbänden abzugrenzen. Als Vorteil kann sich allerdings auch hier wieder die größere Freiheit gegenüber den institutionalisierten Zuständigkeiten und Problemlösungsmustern erweisen.

Eine problematische Tendenz, die wir sowohl unter Ehrenamtlichen als auch in altruistischen Altenselbsthilfegruppen beobachten, ist die eigene „Verjüngung" durch das „Ältermachen" der Hilfeempfänger. Auch wenn sich Menschen gleichen Alters gegenüberstehen, kann das Motto lauten: „Ältere helfen Alten."

Für diese Gruppen spielt ihre Stellung zum institutionellen System der (Fremd-)Hilfe meist eine wichtige Rolle. Sie betonen ihre Kooperationsbereitschaft, fühlen sich aber nicht in gleichem Maße anerkannt wie professionelle und ehrenamtliche Helfer der etablierten Verbände, was sie als Ungerechtigkeit empfinden, gerade dann, wenn sie sich besonders schwieriger Problemfälle annehmen.

Dem Leben Halt und Struktur geben, bis zuletzt

„Also die kriegen dann jedes Jahr zu ihrem Geburtstag einen Blumenstrauß – natürlich bis zu ihrem 70. sind sie ja in unserem Bunde sozusagen noch Schnösel. Und ab dem 70., zum 75., 80., 85. und 90. kriegen sie dann so ein Ehrenblatt. Und das kriegt jeder, nicht weil er Mitglied ist, sondern weil er die Jahre erreicht hat, nicht wahr? Und dann meistenteils noch 'ne Flasche Schnaps oder eine Flasche Wein dazu. Und wenn er 90 geworden ist, kriegt er 'nen Präsentkorb, und ab 90 ist er beitragsfrei – das sind dann die sogenannten Ehrenmitglieder. (...) Die Trauerfeier ist Pflicht. Wenn hinter dem Sarg so drei Männeken gehen, das ist doch beschämend, das ist bei uns nun natürlich ganz anders. Bei jeder Trauerfeier sind immer mindestens 50, 60 Mann da."

In vielen Altenselbsthilfegruppen werden die Rituale und Feierlichkeiten, die den Lebenslauf begleiten, in Zuverlässigkeit und Beständigkeit gepflegt. So werden überlieferte Werte bewahrt, Erinnerungen wachgehalten, Verluste familiärer und verwandtschaftlicher Integration ausgeglichen und Zeit wird in längeren Intervallen strukturiert.

Wenn Geburtstage zu Jubiläen aufgewertet werden, dann wird dem Betreffenden sein Altwerden eben nicht nur negativ vor Augen geführt, sondern der Ablauf des Lebens wird akzeptiert, und er findet die positive Beachtung der sozialen Umwelt. Und das gemeinsame Ritual der Trauerfeier hat nicht nur seine hilfreiche Funktion für die Hinterbliebenen, indem es eine Stütze bei ihrer Trauerarbeit bereitstellt; es nimmt auch den Alternden etwas vom Schrekken des Vergessenwerdens, wenn sie damit rechnen können, daß über den Tod hinaus die Solidarität der Gruppe bestehen bleibt und öffentlich dokumentiert wird, daß hier ein sozial als wertvoll erachteter Mensch zu Grabe getragen wird.

Wir wollen keine Unterhaltung, wir wollen ein Mitspracherecht

„Von denen, die sich zusammenfinden zu Kaffeekränzchen, zur Unterhaltung, mal 'ne Busfahrt oder mal zusammen eine Theatervorstellung besuchen und dergleichen, davon haben wir uns distanziert. Denn wir sagen uns, damit kommt man nicht voran. Wir verpulvern unsere Energien nicht mit solchen Kleinigkeiten. Unterhaltungsselbsthilfe, die treiben wir nicht. Das ist nichts anderes, als die Leute abzulenken von ihren gesellschaftlichen und politischen Sorgen. Von den eigentlichen Problemen, die da augenblicklich in der Luft schweben, kein Wort. Die Alten sollen sich gar nicht damit beschäftigen. Und kein Mensch kümmert sich um die Alten, wenn es um öffentliche Angelegenheiten geht. Beispielsweise können sie mir einen Sozialrentner nennen, der im Bundestag säße? Wir wollen ein Mitspracherecht, darum geht es."

Grundprobleme, mit denen sich politisch orientierte Altenselbsthilfe auseinandersetzt, sind die Unterrepräsentanz alter Menschen in parlamentarischen Gremien (in Relation zum Anteil der Alten an der Gesamtbevölkerung) und die Durchsetzbarkeit von Altenpolitik. Auch bei politischen Entscheidungen, die die Gruppe der Älteren unmittelbar betreffen, sind deren Einflußmöglichkeiten erheblich eingeschränkt.

Selbst wenn dies von vielen alten Menschen als Mangel empfunden werden mag, haben politische Altenselbsthilfegruppen mit vielen Schwierigkeiten zu kämpfen, wenn sie eine größere Unterstützungsbasis organisieren wollen. Die Mehrheit der Älteren formiert sich zur Zeit keineswegs zu politischem Widerstand oder zu gezielten politischen Aktivitäten.

Die politische Durchsetzungskraft der wenigen existenten überregionalen Organisationen wird auch dadurch geschwächt, daß sie keineswegs an einem Strang ziehen. Vielmehr verstehen sich die einen als Bewegung gegen das „Establishment", und sie bemühen sich, auf dem Wege öffentlichkeits-, und das heißt zunächst medienwirksamer, spektakulärer Aktionen Druck auf politische Instanzen auszuüben. Andere hingegen suchen Anschluß an die Gremien politischer Planung und Entscheidung und richten ihre Strategien entsprechend aus.

„Also, der schriftliche Weg ist eigentlich sinnlos. Wir machen das lediglich aus Etikette, daß man mal einen Brief schreibt. Aber wir wissen, daß er nicht beantwortet wird. Sondern wir arbeiten unsere politischen Aktionen in einem Arbeitskreis aus, und das wird dann aufgebaut und auch sehr kämpferisch. Und die Parteien gegeneinander auszuspielen, ist doch selbstverständlich, ja? Und daß es dann irgendwann zu einer Demonstration gekommen ist, ist doch genauso selbstverständlich. Dann sind wir nach Holland gefahren mit einem Fernsehteam..."

„Wir haben es durchgesetzt, daß die in den Landtagen, beziehungsweise Landesparlamenten vertretenen Parteien gleichzeitig je einen Vertreter in unseren Landesvorstand, beziehungsweise Landesbeirat, entsenden, so daß auch, sagen wir mal, über diese Verbindung die Möglichkeit besteht, gesetzgeberische Dinge vorher kennenzulernen und unter Umständen zu beeinflussen. Und das haben wir ebenso auf Bundesebene. Wir haben Vertreter aus jeder Fraktion in unserem Bundesvorstand und kommen also auch in regelmäßiger Folge mit ihnen zusammen. Können also auch dort erfahren, was läuft und können unsere Meinung mit angeben."

Beide Lager werfen einander vor, die Interessen der Älteren nicht angemessen zu vertreten, ja sogar gegen die Interessen der Betroffenen zu handeln: entweder durch Skandalisierung, die die Ängste der alten Menschen schüre und zum politischen Instrument zu machen versuche, oder durch angepaßten Lobbyismus, der sich zu einem willkommenen Feigenblatt für politische Ignoranz gegenüber den Problemen der Alten machen ließe.

Nicht nur in ihrer Haltung zum politischen System unterscheiden sich diese Organisationen, auch in der Art, in der sie ihre Basis unter den Älteren zu verbreitern trachten: einige versuchen das Interesse der Älteren auf sich zu ziehen, indem sie Offene Briefe an Politiker verbreiten, Manifeste in Umlauf bringen und ihre Forderungen in Tageszeitungen annoncieren; andere versuchen repräsentative Großveranstaltungen mit traditionellen Formen der Altenklubarbeit zu verbinden; und eine weitere Gruppierung glaubt durch das Auslösen emotionaler Betroffenheit die vielfach beklagte resignative Haltung der Älteren durchbrechen zu können. Politisches Engagement soll dabei vor allem über das Anprangern der „Altenheimmisere“ geweckt werden.

Organisierte Altenselbsthilfe: So viele Unterschiede, soviel Gemeinsamkeit

„Der Herbst ist hier ja oft golden, und eine Dame aus dem Stift hat den Namen ‚Goldener Herbst' aufgebracht und der wurde dann sehr gerne von allen angenommen, und man kann sich da sehr viel hineindenken, positiv und auch ein bißchen Ironie. Und so ist er uns geblieben. Und wir wollen nicht nur das Trübe sehen, sondern auch das Angenehme. Vielleicht das bewußter zu machen, um durch das Erfreuliche auch das Schwierige zu bestehen – also das ist uns ganz wichtig dabei."

„Das ist das psychologische Moment: dem Menschen sagen, deine Ruhe ist schon Scheintod. Du mußt deine Ruhe verlieren! Du mußt unruhig werden! (...) Wir heißen ja jetzt ‚Graue Panther', Gott sei Dank, ja? Wir hören die Parlamentarier, wir hören die Parteien, alle sind sie irgendwo ganz zurückhaltend, nicht? Es zählt nur eins, daß die Angst vor uns kriegen!"

„Goldener Herbst" und „Graue Panther": das ganze Spektrum der organisierten Altenselbsthilfe liegt zwischen diesen beiden Gruppierungen, Welten scheinen sie voneinander zu trennen. Und dennoch sind die sozialen Kräfte, die Nöte und die Hilfsmöglichkeiten, die alte Menschen in solchen Gruppen zusammenführen, im Kern sehr ähnlich.

Wer sich ihnen anschließt, kann auf Verständnis und Hilfe rechnen, z.B. bei den altersspezifischen Problemen der fortschreitenden Isolierung und Vereinsamung durch das Wegsterben von engen Bezugspersonen, der Bedrohung der Identität durch den Verlust beruflicher Aufgaben und damit der anerkannten gesellschaftlichen Nützlichkeit, der Verunsicherung der Selbstwertgefühls durch die Umkehrung von Rollenhierarchien im Familienverband.

Anders als professionell – etwa sozialpädagogisch – angeleitete Gruppen, kommen die Mitglieder von Altenselbsthilfegruppen allerdings nicht zusammen, um die Problematik ihrer Lebenssituation systematisch nach altersspezifischen Verlusten und Defiziten zu erforschen und Ursachen in den sozialen ökonomischen und politischen Rahmenbedingungen, den individuellen Biographien und Persönlichkeitsstrukturen aufzudecken. Statt ihre Probleme zu analysieren, versuchen sie sie unmittelbar praktisch zu lösen.

Sie füllen ein soziales Vakuum zwischen den sozialen Netzen der Familie, Nachbarschaft und Berufswelt und dem öffentlichen Versorgungssystem. Mit dem Ruhestand gehen soziale Bezüge des Kollegenkreises verloren; Nachbarschaften fallen der Anonymität industrieller Verstädterung zum Opfer und die kleinen Netze der Familie und Verwandtschaft sind einerseits hochgradig ausgelastet und können andererseits mit ihrem „sanften Terror der Geborgenheit" selbst Probleme erzeugen und verschärfen (vgl. R. Prätorius 1982). Auf der anderen Seite steht die kalte Pracht des sozialstaatlichen Apparates, auf materielle Versorgung zugeschnitten, häufig überspezialisiert, bürokratisch und kostenintensiv, der die Hilfesuchenden zu Problemfällen macht und dessen helfender Zugriff immer wieder als Entmündigung erlebt wird.

Insbesondere dann, wenn es um Nöte geht, die eine dauerhafte – wenn auch vielleicht nur latente – Bedrohung darstellen und insbesondere dann, wenn eine konstante, alltägliche, vorbeugende und nachsorgende Stabilisierung erforderlich wird, fehlt es an sozialer Unterstützung. An diesem Punkt nun liegt der Leistungskern der meisten Selbsthilfegruppen und auch der gemeinschaftlichen Altenselbsthilfe.

Altenselbsthilfegruppen stellen neue Systeme sozialer Unterstützung dar, in denen Alltagsbeziehungen ergänzt, ersetzt oder entlastet werden. In diesen Gruppen wird eine Art der persönlichen sozialen Dienstleistungen erbracht, die sich im Katalog der standardisierten und standardisierbaren Angebote des Versorgungssystems nicht auffinden lassen.

Die Krisenvorbeugung und Krisenhilfe, die sie leisten, werden ermöglicht, indem hier soziale Räume geschaffen werden, innerhalb deren sich – ganz unabhängig davon, welche Ziele eine solche Gruppe im einzelnen verfolgen mag – eine

Reihe wichtiger Schutz- und Hilfsfunktionen entfalten können.

Der besondere Wert und die Eigenart bestehen in der Regel darin, daß dies gerade nicht zum Organisationsziel erhoben wird, sondern gewissermaßen selbstverständlich und nebenbei geschieht und damit den Charakter der Alltäglichkeit gewinnt. In der Sozialforschung wurden diese Unterstützungsleistungen folgendermaßen benannt: emotionale Unterstützung, soziale Unterstützung, praktische Hilfe, finanzielle Unterstützung, Information (vgl. B. Badura 1981).

Alle diese Formen der Hilfeleistung kann man in Altenselbsthilfegruppen beobachten, von besonderer Bedeutung sind aber sicher die emotionale und die soziale Unterstützung, die sich dort entwickeln.

Es überrascht kaum: gerade der altersspezifische Verlust, der auf die Berufs- und die Familienrolle bezogenen Bestätigung ist ein wesentlicher Grund, warum Selbsthilfegruppen im Alter initiiert werden.

Altenselbsthilfe und Altenarbeit

Auf der Ebene des allgemeinen Leitziels scheint Selbsthilfe heute eine Attraktion zu besitzen, die die Frage nach den konkreten Inhalten häufig in den Hintergrund treten läßt. So kommt es, daß dieser Begriff als Deckblatt für ganz unterschiedliche sozialpolitische Positionen praktikabel geworden ist, und wir genau zu prüfen haben, ob und wie das Konzept ideologisch eingefärbt ist. Selbsthilfe wird einerseits von Sozialromantikern postuliert – mögen sie nun politisch links oder rechts beheimatet sein – und andererseits von technokratischen Sparkommissaren. Sie alle gefährden die Sache, um die sie sich verdient machen wollen, wenn sie sich mehr an Dogmen als an sozialer Realität orientieren.

Die umschließende Geborgenheit von Familie und Nachbarschaft entsteht heute nicht naturwüchsig, zu groß sind die sozialen Belastungen, denen diese Bereiche in der modernen Gesellschaft ausgesetzt sind. Und die subkulturellen Nischen alternativen Lebens sind nur scheinbar autark, sie existieren durch Sympathisanten unter den „angepaßten" Gesellschaftsmitgliedern und werden indirekt durch die Sozialleistungen, die aus den Steuergroschen der anderen finanziert werden, subventioniert. Wenn aber im Hintergrund der Forderung nach „Selbsthilfe der Betroffenen" der Rotstift an der sozialen Versorgung angesetzt wird, dann ist genau zu überlegen, welche Probleme in Selbsthilfe zu lösen sind, und welche nicht.

Überschneiden sich Selbsthilfe und Fremdhilfe tatsächlich? Ist Selbsthilfe in dem Versorgungsbereich, der zur Disposition steht, eine Alternative? Oder wird „Selbsthilfe" zu einer Legitimationsformel für die Reprivatisierung von Not und Mangel?

Unsere Beispiele zeigen, daß Altenselbsthilfe und Altenarbeit in ihrer Gesamtheit weder austauschbar sind, noch in einen harten Widerspruch zueinander treten. Es lassen sich sowohl Grenzen als auch Überschneidungen zwischen beiden Bereichen feststellen.

Eine scharfe Grenze besteht, wenn es um die klassischen, die sogenannten „harten" Problemlagen geht. Dort ist die Rückendeckung umfassender professioneller und materieller Fremdhilfe erforderlich. Angesichts schwerer, akuter gesundheitlicher Beeinträchtigungen zum Beispiel ist nicht nur die dauerhafte und zuverlässige Bereitstellung von Hilfe „ohne Ansehen der Person" zu garantieren, sondern es bedarf häufig auch spezialisierter fachlicher Qualifikation und technischer Hilfsmittel. Ebenso können finanzielle Notlagen in Selbsthilfe kaum ausgeglichen werden; und auch eine bedarfsdeckende Alternativlösung des sich verschärfenden Problems der schweren Pflegebedürftigkeit überfordert das Potential gemeinschaftlicher Altenselbsthilfe (wenngleich Selbsthilfegruppen mit Erfolg versuchen können, das Fremdhilfesystem zur Verbesserung seiner Hilfeleistungen unter Druck zu setzen).

Eine Einschränkung ihrer sozialpolitischen Bedeutung erfährt Altenselbsthilfe auch dadurch, daß sie nur einen ganz geringen Prozentsatz der

Älteren erreicht, und vermutlich am wenigsten die Klientel des öffentlichen Hilfesystems, welches allerdings ebenfalls nur mit großer Mühe an die sogenannten „schwer Erreichbaren", an die „verschämte Armut" und das „verschwiegene soziale Elend" herankommt – zumindest aber gesetzlich dazu verpflichtet ist.

Der Staat darf angesichts dieser Lage also nicht aus seiner Verantwortung für die Hilfebedürftigen entlassen werden. Ihm bleibt zum Beispiel die Verpflichtung, materielle Voraussetzungen zu schaffen, auf deren Basis sich Selbsthilfe erst entwickeln kann.

Überschneidungen zwischen Altenselbsthilfe und Altenhilfe finden wir insbesondere in der Altenarbeit, die sich soziale Integration zum Ziel gesetzt hat. Ebenso wie die „sozialen Aktivisten" in Selbsthilfegruppen immer wieder Inhalte und Formen von Altenarbeit realisieren, entwickeln sich in den Angeboten der offenen Altenhilfe immer wieder Elemente einer Selbsthilfe der Betroffenen.

Die verschiedenen Muster sozialer Unterstützung, die wir erläutert haben, sind grundsätzlich in jeder Altentagesstätte möglich und in vielen Abstufungen dort auch zu beobachten. Häufig jedoch werden sie von den professionellen und ehrenamtlichen Mitarbeitern solcher Einrichtungen nicht in ihrer Bedeutung erkannt.

Manchmal treten die Verhaltensweisen der Nutzer und die Leitziele des Trägers eines Angebots in Widerspruch. Die Forderung nach „Aktivierung“ und „Offenheit für jeden“ zum Beispiel wird durch die scheinbare Passivität und die Cliquenbildung der Besucher durchkreuzt. Wenn die Helfer nun ihre ganze Energie darauf richten, zu motivieren und zu integrieren, dann übersehen sie leicht, daß die Nutzer sich an eigenen Wertmaßstäben orientieren und eigene Formen des sozialen Beisammenseins etablieren, die möglicherweise ihr Bedürfnis nach Aktivität und einem ausgewogenen Verhältnis von sozialer Distanz und Nähe angemessen befriedigen (vgl. P. Zeman 1983).

Aber auch in Selbsthilfegruppen können Diskrepanzen zwischen dem Organisationsziel und den Bedürfnissen der Beteiligten entstehen; und der Fixierung durch äußere und übergeordnete Instanzen – zum Beispiel den Träger einer Alteneinrichtung – können gruppenintern entwickelte normative Festlegungen und schwer durchschaubare Mechanismen der sozialen Kontrolle entsprechen.

Wir halten eine pauschale Bewertung des einen wie des anderen Feldes für irreführend, überflüssig und schädlich. Die Verbindungslinien zwischen beiden sind enger, als man auf den ersten Blick vermuten mag. Wenn wir genauer hinschauen, gibt es hier wie dort Elemente der Selbsthilfe und der Fremdhilfe.

Der Unterschied ist noch am markantesten für jene Menschen, die sich in dem einen oder anderen Feld in besonderer Weise sozial engagieren, die „sozialen Aktivisten“. Sie finden und entwickeln in der Altenselbsthilfe sicher wesentlich größere Gestaltungsspielräume als zum Beispiel im ehrenamtlichen Bereich der Altenarbeit.

Überlegungen, die sich auf eine Verbesserung der Arbeit sowohl in der Altenselbsthilfe als auch in der Altenhilfe richten, müßten sich unseres Erachtens an solchen Gestaltungsspielräumen orientieren. Die Entfaltungsmöglichkeiten für *alle* Teilnehmer oder Nutzer – sowohl in der Selbsthilfegruppe als auch in den Einrichtungen der Altenarbeit – sind sicher noch lange nicht ausgeschöpft und sie leiden immer dann, wenn Probleme stellvertretend für die unmittelbar Betroffenen ohne deren Mitarbeit gelöst werden sollen – egal ob dies in einer Selbsthilfegruppe oder einer Altentagesstätte geschieht, egal ob im Zeichen caritativer Betreuung oder politischen Barrikadenkampfes.

VI. Die Bedürfnisse älterer Menschen

von Paul Sporken

In den vorhergegangen Überlegungen wurde vieles gesagt über das, was alte Menschen brauchen. Es war die Rede von der interdisziplinären Aufgabe zur Betreuung alter Menschen; Ergebnisse von Untersuchungen zeigten Bedürfnisse, die sonst vielleicht nicht so deutlich zum Vorschein kommen. Es wurde betont, daß psychotherapeutische Hilfe angebracht sein kann und auch möglich ist.

Am Ende dieser Überlegungen scheint es sinnvoll, noch einmal die praxisbezogene Grundfrage zu stellen: Was brauchen alte Menschen? Ich will zu diesem Zweck zusammenfassen, was in Gesprächen mit alten Menschen, ihren Kindern und ihren Betreuern gesagt wurde.

Bei der Sammlung des Materials für diese Besinnung habe ich älteren und jüngeren Personen die Frage vorgelegt: „Was brauchen alte Menschen?" Besonders von den letzteren haben einige meine Frage wiederholt, aber auf die folgende Art: „Ja, was brauchen alte Menschen eigentlich noch?" Im Grunde genommen ist das aber keine Wiederholung, sondern eine andere

Frage. Das Wort „noch" läßt die unterschwellige Auffassung vermuten, das Alter würde die Bedürfnisse weit abbauen. Das Wort „eigentlich" deutet zweifellos auf ein Werturteil, das (wahrscheinlich zum größten Teil unbewußt) beinhaltet, ältere Menschen seien zu einem „sozialen Problem" geworden. Und tatsächlich scheinen sie vieles mit „Randgruppen" gemeinsam zu haben: die Einschränkung ihrer Anteilnahme am Leben der Gesellschaft, die räumliche und psychologische Isolation, zudem scheint ihre Situation durch negative Vorurteile mitbestimmt. In den vorausgegangenen Beiträgen wurden solche Voreingenommenheiten schon weitgehend korrigiert. Trotzdem scheint es sinnvoll, noch einmal dies zu betonen: Die Grundbedürfnisse der Menschen bleiben zeitlebens gleich; es ändern sich nur die Schwerpunkte und Prioritäten. Deshalb scheint es auch sinnvoll, noch einmal ganz konkret zu erhellen, welche Bedürfnisse bei älteren Menschen in den Vordergrund treten und wie die jüngeren Menschen diesen genügen können.

Ein Platz zum Leben

In Gesprächen mit älteren Menschen kommt das Bedürfnis nach einem Platz zum Leben zweifellos an erster Stelle. (Das Bedürfnis nach einem Platz zum Sterben wurde ausführlich behandelt in:

Sporken: Was Sterbende brauchen 1983.) Damit ist ein Platz gemeint, an dem sie sich zuhause fühlen und sie selbst sein können. Alte Menschen sind oft so sehr mit ihrer vertrauten Umgebung verbunden, daß ein Umzug zu einem anderen Wohnort in eine für sie neue und fremde Welt fast traumatisierend wirkt. Nicht umsonst sagt das Sprichwort, daß man alte Bäume nicht mehr verpflanzen solle. Die Folgen der Entwurzelung können oft durch viele kleine Hilfen gemildert werden, z. B. indem dafür gesorgt wird, daß sie ihre Lokalzeitung weiterhin empfangen. Das ist nicht nur wichtig wegen der lokalen Ereignisse, sondern etwa auch wegen der Todesanzeigen, weil viele alte Menschen die Zeitung bekanntlich „von hinten nach vorne" lesen!

Einen Platz zum Leben haben setzt voraus, daß man noch einigermaßen „am Leben" teilnehmen kann. Vor diesem Hintergrund scheint es nicht so günstig, die Altenheime total isoliert, außerhalb der Stadt oder des Dorfes, zu bauen. Dadurch wird für viele Betagte die Anteilnahme am Leben der Gesellschaft fast unmöglich gemacht. Wenn ein Altenheim mitten in der Stadt oder jedenfalls in einem Wohnviertel liegt, begegnen den alten Menschen jüngere Menschen und besonders auch Kinder! Dann bleiben auch andere Möglichkeiten zur Erholung. Sie können dann gelegentlich noch ins Theater gehen, oder auch einmal ein Glas Bier in der Kneipe um die Ecke trinken.

Der Wechsel zu einem neuen Wohnort gestaltet sich sicher noch schwieriger, wenn damit außerdem der Einzug in ein Altenheim verbunden ist. Das Schmerzhafte dabei kann freilich auf verschiedene Art gemildert werden, z. B. indem die alten Menschen noch etwas – und sei es auch nur ein geringer Teil – von ihren eigenen Möbeln mitnehmen dürfen, oder wenigstens etwas zum Aufhängen oder Aufstellen. Kleine Dinge können gefühlsmäßig eine wichtige Bedeutung haben. Das gilt um so mehr, wenn ein alter Mensch in ein Pflegeheim aufgenommen wird. Räumlich betrachtet bleiben ihm dann noch ungefähr zwei Quadrat Meter Platz zum Leben. Es ist unmöglich, daraus ein „Zuhause“ zu machen. Die einzige Möglichkeit, diesem Platz noch einen geringen persönlichen Charakter zu verleihen, besteht darin, daß der alte Mensch ein paar Dinge, Kleinigkeiten, die für andere vielleicht nur wertloses Zeug sind, auf den Nachttisch stellt. Wie schlimm der Verlust solcher Dinge sein kann, zeigte sich im folgenden Geschehen:

Eine tüchtige Putzfrau hatte im Frühjahr die Zimmer mit größtem Eifer gesäubert und dabei „den ganzen Krimskrams“ einer kranken alten Dame weggeworfen. Die Kranke war untröstlich. Der Direktor des Heimes versuchte, sie über ihre Traurigkeit hinwegzutrösten, indem er ihr sagte, es gebe heutzutage auf der Welt größere Katastrophen als sowas! So wahr dies an und für sich natürlich ist, es steht hier nicht zur Debatte. Es geht

darum, daß der alte Mensch selbst – und nicht wir! – bestimmen darf, was er zu seinem Wohlsein braucht.
Übrigens haben die jüngeren Generationen nicht immer Verständnis für die Bedürfnisse der Älteren in diesem Bereich. So war eine vierzigjährige Frau empört über das Benehmen ihrer Eltern. Nach der Pensionierung ihres Vaters hatten ihre Eltern sehr teure neue Möbel für das Wohnzimmer gekauft und die Küche hypermodern einrichten lassen. Die Tochter warf ihren Eltern Verschwendung vor. Für die letzten Jahre hätten die alten Möbel doch für sie gereicht! Und außerdem könnte man „später" mit diesen Möbeln nichts anfangen! Die Eltern begründeten ihre Anschaffung aber folgendermaßen: Früher hatten sie solche Dinge nach dem Kriterium der Bezahlbarkeit angeschafft; jetzt hatten sie endlich mal die Möbel kaufen wollen, die sie schön fanden.
Das Beispiel mag sich vielleicht extrem anhören, aber es kommt in milderen Formen öfter vor. Ich denke etwa an den Fall, daß schon betagte Eltern Dinge gekauft haben, und die erwachsenen Kinder ihnen zwar keine Vorwürfe machten, aber untereinander ihre Unzufriedenheit darüber äußerten. Eltern werden die Ablehnung z. B. an der Tatsache spüren, daß die Kinder sich nicht mit ihnen über die neuen Anschaffungen freuen!

Ältere Menschen brauchen einen Platz, an dem sie leben können und sie sollten, soweit wie nur möglich, auch den Spielraum haben, um diesen Platz so einzurichten, daß sie sich wohlfühlen. Dazu noch eine Bemerkung. Es ist mir aufgefallen, daß Betagte in den Gemeinschaftsräumen ihres Altenheimes in gewissem Sinn einen eigenen Platz haben (z. B. beim Kaffeetrinken und bei den Mahlzeiten). Es kann vorkommen, daß ein Neuankömmling während der ersten Tage wiederholt daran gehindert wird, sich irgendwo hinzusetzen, weil das der Platz eines anderen Bewohners ist. Es kommt vor, daß ein Neukömmling diesen „Kampf" um einen Platz nicht verkraftet und auf seinem Zimmer bleibt. So hörte ich von einem Mann, der nach vier Tagen resignieren wollte, aber dann bei einem letzten Versuch von einem anderen Heimbewohner (der einige Autorität hatte) bei seinem Namen genannt, begrüßt und eingeladen wurde, neben ihm Platz zu nehmen. Dann war alles in Ordnung. Ich will damit nur betonen, daß auch alte Menschen selber den Auftrag haben, dafür zu sorgen, daß ihre Altersgenossen einen Platz zum Leben haben.

Zuwendung

Es bedarf sicher keines Beweises, daß ein Mensch nicht glücklich sein und sich nicht wohl fühlen kann, wenn kein anderer sich ihm zuwendet. Zuwendung ist der Anfang jedes Kontaktes und jeder zwischenmenschlichen Beziehung. Wenn ein Mensch das Gefühl hat, seine Umgebung wende sich von ihm ab und kehre ihm den Rücken zu, wird er vereinsamen. Das Gefühl allein und im Stich gelassen zu werden, ist wohl eines der schlimmsten Dinge, die einem Menschen passieren können.

Es ist bekannt, daß viele alte Menschen vereinsamen und sehr darunter leiden. Sie haben manchmal viele Personen aus ihrer Nähe verloren, sie haben das Sterben des Ehepartners, der Geschwister, vieler Freunde und Bekannten erlebt. Sie brauchen deshalb die Zuwendung der jüngeren Generationen und eventuell des Pflegepersonals umsomehr. Was Zuwendung bewirken kann, geht deutlich hervor aus dem Beispiel eines betagten Mannes, der sich (wegen Zuckerkrankheit) einer Beinamputation unterziehen mußte. Nach der Operation wurde er immer verwirrter, vor allem nachts. Der Chefarzt bat die Frau dieses Patienten, möglichst viele Stunden bei ihrem Mann zu bleiben. Dieser wurde zusehens ruhiger. Weil die Frau selbst schon alt war, bot dieser Arzt auch an, sie solle über Nacht bleiben und in dem zweiten Bett des Doppelzimmers schlafen.

Der Zustand des Patienten verbesserte sich rapide, und nach drei Wochen war die Verwirrung vorbei. Er war wieder der Mensch, der er vor der Operation war.

Zuwendung ist mehr als nur die Position oder die Haltung gegenüber dem Mitmenschen; sie geht auch darüber hinaus, Interesse für das Wohlsein des anderen zu zeigen. Letzten Endes bedeutet Zuwendung die liebevolle Antwort auf ein Bedürfnis des anderen nach menschlicher Wärme, Geborgenheit und Liebe.

In diesem Sinn ist sie engstens mit Zärtlichkeit verbunden. Eine zärtliche Geste (etwa das Halten der Hand, Streicheln, Zeichen wie: den Arm um die Schulter legen, Tränen abwischen etc.) hat eine stärkere menschliche Bedeutung als Worte sie haben können. Die Erfahrung lehrt, daß alte Menschen ein großes Bedürfnis nach dieser zärtlichen Zuwendung haben. Sie möchten Zärtlichkeiten empfangen, aber auch schenken. In diesen Kontext kann man auch besser verstehen, daß Menschen, denen diese Zuwendung fehlt, das Bedürfnis nach einem Haustier, einem Kuscheltier oder sogar einer Puppe haben können. Ich denke dabei an ein Beispiel, das ich an anderer Stelle erwähnte (Sporken: Begleitung S. 134): Eines Tages war eine verwirrte alte Frau völlig aus der Fassung geraten. Sie weinte so heftig, daß man es auch außerhalb des Zimmers hörte. Eine ihrer ebenfalls verwirrten Zimmerkameradinnen, Frau H., hatte ihre Lieblingspuppe auf dem Schoß. Zunächst schien es, als ginge das ganze Geschehen an dieser vorüber. Plötzlich stand sie aber auf, lief auf ihre weinende Zimmerkameradin zu und drückte ihr die Puppe, die sie normalerweise nie weggab, in die Arme. „Hier, nimm nur", sagte sie und streichelte dann den Kopf ihrer fassungslosen Zimmerkameradin und den der Puppe, bis die Frau zu weinen aufhörte.

Zweifellos können wir von alten Menschen selbst lernen, was zärtliche Zuwendung und Solidarität im Umgang mit alten, auch verwirrten Menschen bedeuten können.

Dabei möchte ich ausdrücklich betonen: Wenn ein alter Mensch zeigt, daß er ein Kuscheltier braucht, ist das kein Beweis kindlichen Verhaltens, sondern ein Signal dafür, daß seine Umgebung wahrscheinlich zu wenig menschliche Wärme bietet und das Bedürfnis nach zärtlicher Zuwendung nicht genügend beantwortet.

Wenn alte Menschen in einem Heim keinen Besuch von Kindern und Enkelkindern (mehr) bekommen, von denen sie ein wenig zärtliche Zuwendung erfahren, dann suchen sie diese oft beim Personal. Sie bitten dann z.B. eine Altenpflegerin darum, sie einmal mit in ihre Wohnung zu nehmen, oder verhalten sich so als ob sie eine Tochter wäre, verlangen deshalb etwa einen Nachtkuß, geben ihr kleine Geschenke usw. Weil es keine allgemeine Verhaltensregeln in diesem Bereich gibt und geben kann, werden Altenpflegerinnen ihre goldene Mitte jeweils suchen müssen. Das Wichtigste dabei ist, die tiefere menschliche Bedeutung des Verhaltens des alten Menschen zu verstehen.

Überforderungen

Vollständigkeitshalber möchte ich aber auch auf etwas anderes hinweisen: Alte Menschen können ihre erwachsenen Kinder auch überfordern. Besonders wenn nur noch ein Elternteil lebt, kann dieser in bestimmten Fällen hohe, gelegentlich zu hohe Anforderungen stellen. Ich denke an das Beispiel einer siebzigjährigen Frau, die unbedingt ihre vierzigjährige Tochter begleiten wollte, wenn diese einen alten Freund besuchen wollte. Und wenn die Tochter dies verweigerte, verlangte sie mitfahren zu dürfen, wollte aber draußen im Auto sitzen bleiben, bis die Tochter ihren Besuch abgestattet hatte. Oder das Beispiel einer fünfundsechzigjährigen Frau, Mutter zweier Söhne und einer Tochter. Die beiden Söhne kommen jede Woche einmal vorbei, tun für sie, was in Haus oder Garten getan werden muß, und damit ist es gut. Die Tochter besucht ihre Mutter aber drei mal pro Woche, ruft zwischendurch immer wieder an, lädt sie ab und zu zu einem Einkaufsbummel ein. Trotzdem wird die Tochter unter Druck gesetzt mit Aussagen etwa folgenden Inhalts: „Niemand kümmert sich um mich!"; „Die beide Jungens kommen nie zum

Besuch"; „Andere Töchter laden ihre Mutter mal ein zum Einkaufen, aber ich sitze hier immer alleine zu Hause"; „Andere Töchter nehmen ihre Mutter mal eine Woche mit in Ferien, aber ich kann mir nur die vier Wände anschauen!". Diese Reaktionen können zum Teil erklärt werden durch die wachsende Vergeßlichkeit. Es kann aber auch auf eine Haltung deuten, die relativ stark von einem bestimmten Egoismus geprägt wird. In dem Fall müssen die Kinder nicht jeden Wunsch erfüllen. Es ist ratsam, ausdrücklich miteinander zu besprechen, was man mit Recht voneinander erwarten darf und was nicht.

Selbständigkeit und Hilfsbedürftigkeit

In den vorhergegangenen Überlegungen (besonders bei Philipp und Sporken) wurde das Verhältnis zwischen Selbständigkeit und Hilfsbedürftigkeit besprochen. Die grundsätzliche Stellungnahme lautet etwa: Die Selbständigkeit und die eigene Verantwortlichkeit des alten Menschen sollen respektiert und gefördert werden. Die Hilfe wird durch die Hilfsbedürftigkeit bestimmt. Diese grundsätzlichen Aussagen werden so von niemanden angefochten. In der alltäglichen Praxis aber entsteht öfter ein Spannungsfeld, das mit prinzipiellen Aussagen nicht zu lösen ist, weil manchmal einfach undeutlich ist, welche Selbständigkeit noch realisierbar ist, und ob Äußerungen von Hilfsbedürftigkeit echt oder unecht sind. Außerdem sind Äußerungen körperlicher Hilfsbedürftigkeit manchmal „maskierte" Äußerungen einer Hilfsbedürftigkeit anderer Art. Ich möchte an einigen Beispielen dies näher erläutern.

Im Alltag passiert es öfter, daß körperliche Hilfsbedürftigkeit bei Kindern und Mitarbeitern das Gefühl einer seelischen Hilfsbedürftigkeit hervorruft, obwohl dies gar nicht der Fall ist. Man kann das an Signalen verschiedener Art spüren, z. B. an der Tatsache, daß Kinder und Mitarbeiter über den alten Menschen und dessen Belange reden, statt mit ihm selbst darüber zu sprechen.

Es ist auch schwierig, die echte Hilfsbedürftigkeit zu erkennen, wenn diese sich nicht immer, sondern nur in bestimmten Situationen offenbart. Ich denke an einen alten Mann, der an einem Lungenemphysem leidet, und die alltäglichen Anstrengungen nicht schafft, wenn er mit unverarbeiteten gefühlsmäßigen Spannungen kämpft. Oder an das Beispiel der alten Frau, die morgens selbst ihre Beine umwickeln kann, aber nicht, wenn sie abends zuvor einen Krach mit ihrer Tochter hatte. Ein freundliches Wort und eine helfende Hand sind dann erfolgreicher, als der Ansporn tüchtig zu sein, weil sie es ja sonst auch selber können.

Es gibt noch eine ähnliche Äußerung der Hilfsbedürftigkeit, die nicht sosehr aus körperlichen

Bedürfnissen, sondern aus Mangel an Zuwendung hervorkommt. Ich denke an eine alte Frau in einem Heim, die nicht mehr alleine auf die Toilette gehen konnte. Wenn am Sonntagnachmittag ihre Mitbewohner Besuch hatten, klingelte sie vier- bis fünfmal nach einer Hilfe. Hatte sie aber selbst Familienbesuch, dann brauchte sie den ganzen Nachmittag diese Hilfe nicht ein einziges Mal. Eine Altenpflegerin hat das Problem auf die richtige Art gelöst: an den Mittagen, wo die alte Frau keinen Besuch hatte, holte sie nach dem ersten Arbeitsdurchgang zwei Tassen Kaffee und plauderte eine Viertelstunde mit ihr. Damit war das Problem für den weiteren Nachmittag gelöst. Übrigens können manche Betagten sehr erfinderisch sein, wenn es um eine Bitte um Hilfe geht, die im Grunde genommen eine Bitte um ein wenig Zuwendung ist. Es ist die Aufgabe der Umstehenden, die menschliche Bedeutung der Hilfsbedürftigkeit zu verstehen.

Schließlich gibt es noch eine andere Form der Abhängigkeit, die für viele alte Menschen peinlich ist: die finanzielle Abhängigkeit. Durch die hohen Pflegesätze sind viele zu Empfängern von Sozialhilfe geworden. Das ist für das Gefühl mancher alten Menschen an und für sich schon beschämend. Für viele reicht das außerdem nicht aus. Sie sind dann für eine Ergänzung ihres „Taschengeldes" auf die Kinder angewiesen. Diese sind nicht alle und nicht immer verständnisvoll, selbst nicht wenn es sich um Geld handelt, das den Eltern gehört. Andere alte Menschen leben sehr sparsam und versuchen ein Teil ihres Taschengeldes zu sparen, damit sie ihren Kindern und Enkelkindern noch etwas schenken können.

In den vorhergegangenen Überlegungen wurde vor allem das Respektieren und die Förderung der Selbständigkeit betont. Mit den angeführten Beispielen habe ich jetzt versucht, das Gleichgewicht wieder herzustellen durch das Betonen unserer Aufgabe, die menschliche Bedeutung der Hilfsbedürftigkeit zu erkennen. Die Hellhörigkeit dafür wird wahrscheinlich auch der beste Wegweiser sein, um die goldene Mitte in dem Spannungsfeld ‚Selbständigkeit und Hilfsbedürftigkeit' zu finden und besser zu erkennen was alte Menschen wirklich brauchen.

Sinnfragen

Das Altern bringt manche Menschen dazu, Fragen nach dem Sinn ihres Lebens zu stellen. Auslösender Anlaß dazu kann vieles sein: der Verlust des Ehepartners oder vieler sozialer Kontakte; aber auch die Tatsache, daß das Leben zu Ende geht; das Gefühl des alten Menschen, daß manche Lebensideale vielleicht nicht erfüllt sind und daß es jetzt zu spät sei, noch wesentliches nachzuholen. Solche Erfahrungen und Gefühle können unter Umständen tief einschneidende Fragen nach dem Sinn des noch verbleibenden

Lebens hervorrufen. Wenn es einem älter werdenden Menschen nicht gelingt, diese Fragen in Angriff zu nehmen und einigermaßen befriedigend zu lösen, ist die Gefahr der Resignation sehr groß. (Ausgedrückt wird dies oft in Aussagen wie: ‚Was soll es? Es hat ja doch keinen Sinn mehr!') Das ist um so problematischer, weil dieses Resignieren lähmend wirkt und den alten Menschen auch noch daran hindert, sich über die kleinen, schönen Dinge des Lebens zu freuen. In den schlimmsten Fällen kann das alles zu einer Depression führen, für derer Bewältigung psychotherapeutische Hilfe indiziert ist. Ich stimme Christian Müller völlig zu: den alten Menschen soll – wenn nötig – die Möglichkeit zur psychotherapeutischen Hilfe geboten werden. In vielen Fällen werden die alten Menschen aber keine Psychotherapie brauchen, sondern die Begleitung eines Menschen, der bereit ist – und sich auch die Zeit dazu nimmt – ihnen einmal zuzuhören. Dieses sich Aussprechen kann ein erster Schritt dazu sein, daß sich diese Menschen mit den Problemen des Lebenssinnes auseinandersetzen.

Diese Auseinandersetzung kann leichter oder schwieriger sein, je nach der Vorgeschichte. Es kommt vor, daß ein alter Mensch der Meinung ist, er habe in seinem Leben nie etwas Sinnvolles gemacht und habe jetzt auch keine Chance mehr dazu. In einem solchen Fall ist es schwierig, mit der Problematik fertig zu werden, weil die Vergangenheit wenig Anknüpfungspunkte zur sinnvollen Deutung bietet. In anderen Fällen hat ein alter Mensch vielleicht das Gefühl, sein Leben sei bis jetzt zwar einigermaßen sinnvoll gewesen, biete aber für die Zukunft keine sinnvollen Perspektiven mehr. Dieses Gefühl kann entstehen aus den oben schon genannten Verlusten, kann aber bei manchen alten Menschen auch durch irgendein Ereignis ausgelöst werden, etwa durch die Konzentration auf etwas, was sie nicht mehr können: ein Musiker z. B., der taub wird; ein Akademiker, der nicht mehr lesen kann; ein Mensch, der wegen einer Parkinsonerkrankung nicht mehr Billard spielen kann; ein reisefreudiger Museenfreund, der jetzt auf einen Rollstuhl angewiesen ist. Für alte Menschen ist die Gefahr einer solchen Einengung des Problems sehr groß. Für diejenigen, die begleiten, besteht das Risiko darin, daß sie in dieser eingeengten Spur mitgehen, während die eigentlichen Probleme doch tiefer liegen.

Die Gespräche über Sinnfragen befinden sich unvermeidbar im Spannungsfeld zwischen der Bejahung des Menschen, so wie er nun einmal ist, einerseits und der Förderung der noch vorhandenen Möglichkeiten zur Sinnfindung andererseits. Allgemeine Regeln zur Führung solcher Gespräche gibt es nicht, weil der Sinn des Lebens eine höchst persönliche Angelegenheit ist. Zudem können solche Gespräche dem Gesprächspartner selbst manchmal tief unter die Haut gehen. Wo Sinnfragen angesprochen werden, wird der Helfer als Person im Hinblick auf den Sinn seines eigenen Lebens angesprochen. Wahrscheinlich liegt hierin einer der Gründe, warum die erwachsenen Kinder oder die Mitarbeiter eines Heimes manchmal allzuschnell mit praktischen Ratschlägen helfen wollen. Es ist wichtiger, zunächst einmal einen Kontakt und eine Beziehung herzustellen in derer Rahmen solche Gespräche überhaupt möglich werden. Diese Gespräche sollten vor allem darauf hinzielen, die Möglichkeit zu schaffen, daß die Älteren ihr Selbstwertgefühl zurückfinden und selbst entdecken können, welche Anknüpfungspunkte zur sinnvollen Gestaltung ihres Lebens es noch gibt. Alte Menschen haben durchaus Verständnis dafür, daß die Jüngeren solche Probleme nicht in einem Handumdrehen lösen können!

Was der alte Mensch in solchen Situationen vor allem braucht, ist ein Gesprächspartner, der ihm sein Selbstwertgefühl läßt und bereit ist, sich zu ihm zu gesellen.

Das Gefühl, gebraucht zu werden

Was brauchen alte Menschen also? Sie brauchen vor allem die Erfahrung, gebraucht zu werden. Diese Antwort hört sich paradox an, ist aber m. E. sehr zutreffend und zwar aus folgenden Gründen:

Wenn Menschen ihr Leben als sinnlos erfahren, kommt das manchmal daher, daß sie nach ihrem Gefühl für niemanden etwas bedeuten. Solange ein Mensch das Gefühl hat, sich um etwas kümmern oder für jemand sorgen zu müssen, für jemand etwas Nützliches tun zu können oder von jemanden gebraucht zu werden, kann er sein Leben als sinnvoll erleben. Wenn ein alter Mensch das Gefühl hat, sein Leben habe für niemand eine positive Bedeutung, sondern sei für andere nur noch eine Last, dann wird er sich äußerst schwer damit tun, sein Leben noch als sinnvoll zu erfahren.

„Etwas für jemanden bedeuten", das ist eine zwischenmenschliche Angelegenheit, d. h. die Jüngeren werden den alten Menschen die Chance geben müssen, etwas zu bedeuten, und sie sollten dies dann auch anerkennen. Manchmal wird es notwendig sein, dies etwas zu fördern. Anderseits müssen die Älteren nicht passiv abwarten „bis sich etwas tut", sondern selbst auch mal Interesse am Wohl und Weh der Jüngeren zeigen oder sich z. B. einmal um die Enkelkinder kümmern (ohne ihre Lebenserfüllung in der Rolle der Kindergärtner[innen] zu suchen).

Dazu muß bemerkt werden, daß das Verhältnis zwischen älterer und jüngerer Generation gerade in diesem Bereich subtiler Art ist. Wenn ein verheirateter Mann etwa seine alte Mutter, die in einem Altenheim lebt, einladen will, kann er sagen: „Mutter, wir und die Kinder würden uns freuen, wenn wir dich am Sonntagnachmittag zu einem kleinen Ausflug und zum Kaffeetrinken einladen dürfen." Er kann das aber auch so formulieren: „Mutter, ich hole dich Sonntagmittag ab, damit du mal wieder aus dem Heim herauskommst." Selbstverständlich ist die Formulierung einer Einladung nicht das wichtigste, aber sie könnte u. U. doch ein Zeichen verschiedener Gefühle sein. In unserem Beispiel könnte die erste der Ausdruck sein davon, daß die Familie sich freut, wenn die Großmutter mal wieder da ist. Die zweite Formulierung könnte bedeuten, daß die Familie sich gar nicht so sehr freut, sondern ihre soziale Verpflichtung gegenüber der Oma nachkommen will. Wenn dies aber der Fall ist, wird die alte Mutter das irgendwie spüren, und es wird ihr wehtun – auch wenn sie den Mitbewohnern des Heimes später stolz vom Ausflug erzählen wird!

Die Sicherheit, von jemanden gebraucht zu werden und etwas sinnvolles für ihn tun zu können, ist zweifellos einer der besten Wege, die Apathie oder Lustlosigkeit eines betagten Menschen zu heilen. Ich denke an das Beispiel eines siebzigjährigen Mannes, Akademiker, der alle Interessen verloren hatte und nur noch lustlos in seinem Stuhl saß und nicht einmal mehr Zeitung las. Eines Tages fragt die Stationsschwester ihn, ob er die Zeitung des vorhergegangenen Tages noch hatte, weil darin ein Artikel über Altenpflege veröffentlicht war. Sie fügt hinzu, es täte ihr leid, daß sie keine Zeit habe, die Zeitungen zu lesen und daß ihr dadurch manchmal für sie wichtige Artikel verloren gingen. Der alte Mann versprach ihr, behilflich zu sein. Ab dem Tag hat er sich nach dem Frühstück die acht verschiedenen Zeitungen, die im Haus waren, geholt, sie von A bis Z gelesen und alle Berichte und Artikeln über Gesundheitsfürsorge und Altenpflege ausgeschnitten und aufgeklebt. Damit war er jeden Tag stundenlang beschäftigt. Jeden Samstagmorgen hat er der Stationsschwester die Ernte der vergangenen Woche gebracht. So fand er „zufällig", mittels dieser Arbeit für einen Mitmenschen, wieder Freude am Leben.

Ich bin mir dessen bewußt, daß in der alltäglichen Praxis der Altenpflege nur manchmal, nicht immer, solche schönen Erfolge gelingen. Es kommt auch vor, daß Betagte so „ausgelöscht" sind, daß alle Versuche sie zu etwas zu motivieren oder zu mobilisieren, ohne Erfolg bleiben. Für die Kinder und die Mitarbeiter kann das eine schwere emotionale Belastung bedeuten. Dafür gibt es selbstverständlich keine vorgefertigten Lösungen. Manchmal bleibt uns nichts anderes übrig, als die Sinnleere über längere Zeit zusammen mit dem Betagten durchzutragen. Die Erfahrung, daß wir zu dieser Solidarität in der Tat bereit sind, kann für den alten Mitmenschen eine wertvolle Stütze sein, um seine letzte Lebensphase auf menschenwürdige Art leben zu können.

Literaturhinweise

Aldrich, C. / Mendkoff, E., Relocation of the aged and disabled. A mortality study, in: Journal of American Geriatrics Society 11 (1963) 185–194.

Anschütz, F., Indikation zum ärztlichen Handeln. Lehre – Diagnostik – Therapie – Ethik, Heidelberg 1982.

Badura, B., Sozialpolitik und Selbsthilfe aus traditioneller und sozialepidemiologischer Sicht, in *Badura, B., / Ferber, Chr. v.* (Hrsg.), Selbsthilfe und Selbstorganisation im Gesundheitswesen, München – Wien 1981, 157 f.

Baltes, P. B. / Willis, S. L., Plasticity and enhancement of intellectual functioning in old age: Pennstate's Adult Development and Enrichment Project (ADEPT), in: *Craik, F. I. M. / Trehub, E. E.* (Eds.), Aging and cognitive processes, New York 1982, 353–389.

Berezin, M. A., Normal Psychology of the Aging Process, Revisited – II. The Fate of Narcissism in Old Age: Clinical Case Reports, in: J. of Geriatric Psychiatry 10 (1977) 9–26.

Birren, J. E., Translations in gerontology – From lab to life: Psychophysiology and speed of response, in: American Psychologist 29 (1974) 808–815.

Bulman, R. J. / Wortman, C. B., Attributions of blame and coping in the „real world": Severe accident victims react to their lot, in: Journal of Personality and Social Psychology 35 (1977) 351–363.

Carp, F., Effects of improved housing on the lives of older people, in: *Neugarten, B.* (Ed.), Middle age and aging, Chicago (1968) 409–416

Chappuis, C., Diagnostik und Differentialdiagnostik in der gerontopsychiatrischen Situation – Aus der Sicht des Geriaters, in: *Huber, F. / Schwed, P. / Wertheimer, J.* (Hrsg.), Bericht über die wissenschaftlichen Verhandlungen. Jahrestagung der Schweizerischen Gesellschaft für Gerontologie, Lausanne, 14. – 16. Oktober 1982, 43–49.

Döblin, A., Zur Wahnbildung im Senium, in: Archiv. f. Psychiatrie u. Nervenkrankheiten 46/3 (1910) 1043–1061.

Dowd, J. J., Mental illnes and the aged stranger, in: International Journal of Health Services 14 (1984) 69–87.

Felton, B. / Kahana, E., Adjustment and situationally bound locus of control among institutionalized aged, in: Journal of Gerontology 29 (1974) 295–301.

Ferrari, N., Freedom of choice, in: Social Work 8 (1963) 105–106.

Filipp, S.-H., Kritische Lebensereignisse. München 1981.

Filipp, S.-H. / Klauer, T., Conceptions of self over the life span: Reflections on the dialectics of change, in: *Baltes, M. M. / Baltes, P. B.* (Eds.), The psychology of a Aging and control, Hillsdale, N. J. 1986, 167–205.

Grond, E., Aufgabe ärztlicher Betreuung alter Menschen aus psychosomatischer Sicht. Vortrag in „die Hegge", Willebadessen 8.5.1983.

Grotjahn, M., Analytic psychotherapy with the elderly, in: Psychoanal. Rev. 42 (1955) 419–427.

Gutmann, D., The cross-cultural perspective: Notes toward a comparative psychology of aging, in: *Birren, J. E. / Schaie, K. W.* (Eds.), Handbook of the psychology of aging, New York 1977, 302–326.

Haug, H. / Barmwater, U. / Eggers, R. / Fischer, D. / Kuhl, S. / Sass, N. L., Anatomical changes in aging brain: Morphonmetric analysis of the human prosencephalon, in: *Cervos-Navarro, J. / Sarkander, H. I.* (Eds.), Aging, Vol. 21, New York 1983.

Jasnau, K. F., Individualized versus mass transfer of nonpsychotic geriatric patients from mental hospitals to nursing homes with special reference to the death rate, in: Journal of the American Geriatrics Society 15 (1967) 280–284.

Karasu, T. B. / Bourgeois M. L., La psychothérapie chez le vieillard, in: Ann. med. psychol. 138 (1980) 574–580.

Kasl, S., Physical and mental health effects of involuntary relocation and institutionalization on the elderly, in: American Journal of Public Health 62 (1972) 377–380.

Kasteler, J. / Gray, R. / Carruth, M., Involuntary relocation of the elderly, in: Gerontologist 8 (1968) 276–279.

Killian, E. C., Effect of geriatric transfers on mortality rates, in: Social Work 15 (1970) 19–26.

Kok, C. M. de, Sozialpolitik und soziale Arbeit zwischen Humanität und Finanzierbarkeit. Ein Beitrag aus den Niederlanden. Vortrag 13. Österreichischer Konferenz für Sozialarbeit, Wien 20.3.1985.

Krantz, D. S. / Schulz, R., A model of life crisis, control, and health outcomes: Cardiac rehabilitation and relocation of the elderly, in: *Baum, A. / Singer, J. E.* (Eds.), Advances in Environmental Psychology, Vol. 2. Applications of personal control, Hillsdale. N. J. 1980, 23–57.

Langer, E. J. / Rodin, J. The effects of choice and enhanced personal responsibility for the aged: A field experiment in an institutional setting, in: Journal of Personality and Social Psychology 34 (1976) 191–198.

Lawton, M. P. / Yaffe, S., Mortality, morbidity, and voluntary change of residence by older people, in: Journal of American Geriatrics Society 18 (1970) 823–831.

Lehr, U., Psychologische Grundlagen und Intervention im höheren Lebensalter, in: Gerontologie und Geriatrie (Red. G. Rieck), Mainz 1984, 51–65.

Levin, S., Normal Psychology of the Aging Process, Revisited – II. Introduction, in: J. of Geriatric Psychiatry 10 (1977) 3–7.

Lieberman, M. A., Adaptive processes in late life, in: *Datan, N. / Ginsberg, L. H.* (Eds.), Life-span developmental psychology: Normative life crises, New York 1975, 135–160.

Linn, M. W., Assessing community adjustment in the elderly, in: *Raskin, A. / Jarvik, L. F.* (Eds.), Psychiatric symptoms and cognitive loss in the elderly, Washington, D.C. 1979, 187–204.

Luth, P., Alfred Döblin als Arzt und Patient, Stuttgart 1985.

Marlowe, R. A. When they closed the doors at Modesto (zitiert nach *Schulz / Brenner*, 1977), 1974.

McCullough, L. B., Medical care for elderly patients with diminished competence. An Ethical analysis, in: Journal of American Geriatrics Society 32 (1984) 150–153.

Müller, C., Alterspsychiatrie, Stuttgart 1967.

Müller, C., Lexikon der Psychiatrie, Berlin 1973.

Müller, C., Gedanken zur Psychotherapie und Soziotherapie im Alter, in: Schweiz. med. Wschr. 106 (1976) 1421–1425.

Müller, C., Psychische Erkrankungen und ihr Verlauf sowie ihre Beeinflussung durch das Alter, Bern 1981.

Müller, C., Psychotherapie in der Alterspsychiatrie, in: *Helmchen, H. / Linden, M. / Rüger, U.* (Hrsg.), Psychotherapie in der Psychiatrie, Berlin 1982, 298–302.

Müller, C. / Wertheimer, J., Abrégé de psychogériatrie, Paris 1981.

Munnichs, J., Contact tijdens de ouderdom: het hoe, het voor en het tegen, in: Tijdschrift voor Gerontologie 11 (1980) 124–128.

Neugarten, B., Time, age, and the life cycle, in: American Journal of Psychiatry 136 (1979) 887–894.

Oerter, R. / Schuster, M., Zur Entwicklung des Gedächtnisses, in: *Oerter, R. / Montada, L.* (Hrsg.), Entwicklungspsychologie. Ein Lehrbuch, München 1982, 475–497.

Pastalan, L. A., Environmental displacement: A literature reflecting old-person-environment transactions, in: *Rowles, G. D./Ohta, R. J.).* (Eds.), Aging and milieu: Environmental perspectives on growing old, New York 1983, 189–203.

Prätorius, R., Vom sanften Terror der Geborgenheit – Sozialengagement statt Sozialstaat?, in: liberal 24 (1982) 7, 496–504.

Roth, M., Senile Dementia and related disorders, in: *Wertheimer, J. / Marois, M. (Eds.)*, Senile Dementia: Outlook for the Future, New York 1984, 493–515.

Rudinger, G., Altern und Leistung, in: *Lehr, U.* (Hrsg.), Altern – Tatsachen und Perspektiven, Bonn 1983, 103–122.

Schaie, K. W. (Hrsg.), Longitudinal studies of adult psychological development, New York – London 1982.

Schulz, R., The effects of control and predictability on the physical and psychological well-being of the institutionalized aged, in: Journal of Personality and Social Psychology 33 (1976) 563–573.

Schulz, R. / Aderman, D., Effect of residential change on the temporal distance to death of terminal cancer patients, in: Omega 4 (1973) 157–162.

Schulz, R. / Brenner, G., Relocation of the aged: A review and theoretical analysis, in: Journal of Gerontology 32 (1977) 323–333.

Schulz, R. / Hanusa, B. H., Facilitating institutional adaptation of the aged: Effects of predictability enhancing intervention (zitiert nach Schulz / Hanusa 1979), 1977.

Schulz, R. / Hanusa, B. H., Long term effects of control and predictability-enhancing interventions: Findings and ethical issues, in: Journal of Personality and Social Psychology 36 (1978) 1194–1201.

Schulz, R. / Hanusa, B. H., Environmental influences on the effectiveness of control- and competence-enhancing interventions, in: *Perlmuter, L. C. / Monty, R. A.* (Eds.), Choice and perceived control, Hillsdale, N. J. 1979, 315–337.

Seligman, M. E. P., Erlernte Hilflosigkeit, München 1979.

Sporken, P., Die Sorge um den kranken Menschen. Grundlagen einer neuen medizinischen Ethik, Düsseldorf 1981.

Sporken, P., Hilfe und Begleitung im höheren Alter. Ethische Überlegungen, in: Gerontologie und Geriatrie (Red. G. Rieck), Mainz 1984, 65–809.

Sporken, P., Begleitung in schwierigen Lebenssituationen. Ein Leitfaden für die Helfer, Freiburg i. Br., 1984a.

Sporken, P., Medisch-ethische aspecten van de behandeling van geriatrische patienten, in: Moderne Geriatrie 2 (1984) 403–415 (1984b).

Stähelin, H. B., Aufgaben und Probleme der Geriatrie, in: Schweizerische Ärztezeitung 65 (1984) 323–327.

Stenger, H., Aspekte des raumbezogenen Verhaltens alter Menschen in Berlin-Kreuzberg und in Berlin-Gropiusstadt, in: Arbeitsgruppe Interpretative Altersforschung (Hrsg.), Alltag in der Seniorenfreizeitstätte. Soziologische Untersuchungen zur Lebenswelt älterer Menschen (Deutsches Zentrum für Altersfragen), Berlin 1983.

Thomae, H., Altern und Lebensschicksale – Zielsetzung und Ansatzpunkte einer entwicklungsorientierten Gerontologie, in: Zeitschrift für Gerontologie 13 (1980) 421–432.
Thomae, H. u. G. L. Maddox (Hrsg.), New Perspectives on old age – a message to decisionmakers, New York 1982.
Werner, W., Die Zeit. Ansprache zum Festakt anläßlich der staatlichen Anerkennung der Fachschule für Altenpflege, Saarbrücken 1985.
Wertheimer, J., One road or many to the clinical recognition of Alzheimer's disease? in: *Wertheimer, J. / Marois, M.,* Senile Dementia: Outlook for the Future, New York 1984, 93–104.
Zeman, P., Die Durchsetzung von Lebenswelt in der Altentagesstätte: „Unbeabsichtigte Folge" sozialstaatlichen Handelns und Provokation des Qualifikationsprofils von Helfern, in: Arbeitsgruppe Interpretative Altersforschung, (Hrsg.), Alltag in der Seniorenfreizeitstätte, Berlin 1983.
Zeman, P., Gemeinschaftliche Altenselbsthilfe: Prozesse sozialer Integration im Alter, Berlin 1985
Zweig, J. / Csank, J., Effects of relocation on chronically ill geriatric patients of a medical unit: Mortality rates, in: Journal of American Geriatrics Society 23 (1975) 132–136.

Zu den Autoren

Sigrun-Heide Filipp, geb. 1943; Dipl.-Psych., Dr. phil.; Professorin der Entwicklungspsychologie 1978–1980, Universität Oldenburg; seit 1980 Professorin der Psychologie an der Universität Trier. Forschungsprojekte (Stiftung Volkswagenwerk) zu „Entwicklungspsychologie des Erwachsenenalters" sowie (DFG) „Psychologie der Krankheitsbewältigung".

Christian Müller, geb. 1921, Dr. med., Professor, Leiter der psychiatrischen Universitätsklinik Lausanne. Wissenschaftliche Arbeiten über Schizophrenie, Zwangsneurose, Psychotherapie, Alterspsychiatrie. Redaktor des Schweizer Archivs für Neurologie, Psychiatrie und Neurochirurgie sowie der Zeitschrift „Sozialpsychiatrie", Mitglied der Akademie für Naturforscher „Leopoldina", Halle. Korrespondierendes Mitglied der deutschen Gesellschaft für Psychiatrie. Ausgezeichnet mit dem Hermann-Simon-Preis für gerontopsychiatrische Arbeiten.

Paul Sporken, geb. 1927, Dr. theol., Professor für

Medizinische Ethik an der Medizinischen Fakultät der Universität Maastricht. War lange Jahre Moralprofessor an einem Priesterseminar und Direktor des Zentrums für Pastorale Fortbildung in Nijmegen, nebenamtlicher Seelsorger in einem Krankenhaus und einem Altenheim. Leitet viele Fortbildungsveranstaltungen für Ärzte und Pflegepersonen. Zahlreiche Veröffentlichungen.

Wolfgang Werner, geb. 1939, Dr. med., Professor, Ärztlicher Direktor des Landeskrankenhauses Merzig, Veröffentlichungen u. a. zu: Selbstmord und Selbstmordversuch, Lithium-Prophylaxe, Psychiatrie des Alterns, symptomatische Psychosen.

Peter Zeman, Jahrgang 1944, Diplom-Soziologe, seit 1980 wissenschaftlicher Mitarbeiter im Deutschen Zentrum für Altersfragen (DZA) in Berlin.

Paul Sporken

Begleitung in schwierigen Lebenssituationen

Ein Leitfaden für Helfer

„Was dieses Buch für die Praxis so wertvoll macht, sind die anschaulichen Beispiele aus dem Alltag, mit denen Paul Sporken seine medizinische Ethik untermauert ... Es wird nichts übersehen, was zur Begleitung von Hilfesuchenden gehört. Es wird deutlich: Wenn Begleitung ein zwischenmenschliches Geschehen ist und wenn zur Ganzheitspflege die körperlichen, geistig-emotionalen und sozialen Gesichtspunkte gehören, dann müssen Glaubensfragen in die Begleitung organisch mithineingenommen werden ... Dieser ‚Neue Sporken' ist im Wortsinn ein Handbuch für Begleiter und kann jedem im sozialen Beruf empfohlen werden" (Christ in der Gegenwart).

„Das vorliegende Buch dieses Autors, das er schlicht einen ‚Leitfaden für Helfer nennt, ist eine wirklich geglückte ‚Summa' der wichtigsten Probleme und eine Zusammenfassung von wertvollen praktischen Hinweisen im Zusammenhang mit der Pflege und Betreuung von körperlich und psychisch Kranken und Behinderten sowie für das Geleit von Sterbenden" (Arzt und Christ, Wien).

192 Seiten, Paperback. ISBN 3-451-20014-7

Verlag Herder Freiburg · Basel · Wien

Was Sterbende brauchen

Herausgegeben von Paul Sporken

„Besonders eindrucksvoll sind die zahlreichen, aus der Praxis stammenden Berichte. Sie zeigen, wie gerade die Sterbenden über die selbstverständlich notwendige ärztliche Versorgung hinaus die menschliche Teilnahme brauchen" (ORF, Wien).

„Dieses Buch zeigt: Wenn Sterbende und Helfer gemeinsam ihren Weg gehen, stoßen sie zwar beide an die Grenzen ihres Könnens. Sie dürfen in dieser solidarischen Weggenossenschaft aber auch befreiende und hoffnungsvolle Erfahrungen machen" (Ärzteblatt Baden-Württemberg).

3. Auflage. 128 Seiten, Paperback. ISBN 3-451-19618-2

Markus von Lutterotti

Menschenwürdiges Sterben

Kann sich die Gesellschaft auf das Gewissen des Arztes verlassen?

„Wer eine kurze und allgemeinverständliche Einführung in die Probleme der Intensivbehandlung sowie des Behandlungsverzichts beim entscheidungsfähigen oder -unfähigen Patienten sucht und auch etwas über Schmerzbekämpfung, Euthanasiegesellschaften, Sterbekliniken und Sterbeerlebnisse Wiederbelebter erfahren will, der ist mit diesem Buch eines Arztes mit 45jähriger Erfahrung gut beraten" (Deutsches Pfarrerblatt).

„Eines der wichtigsten Bücher zu diesem Thema!" (Anzeiger für die Seelsorge).

176 Seiten, Paperback. ISBN 3-451-20478-9

Verlag Herder Freiburg · Basel · Wien